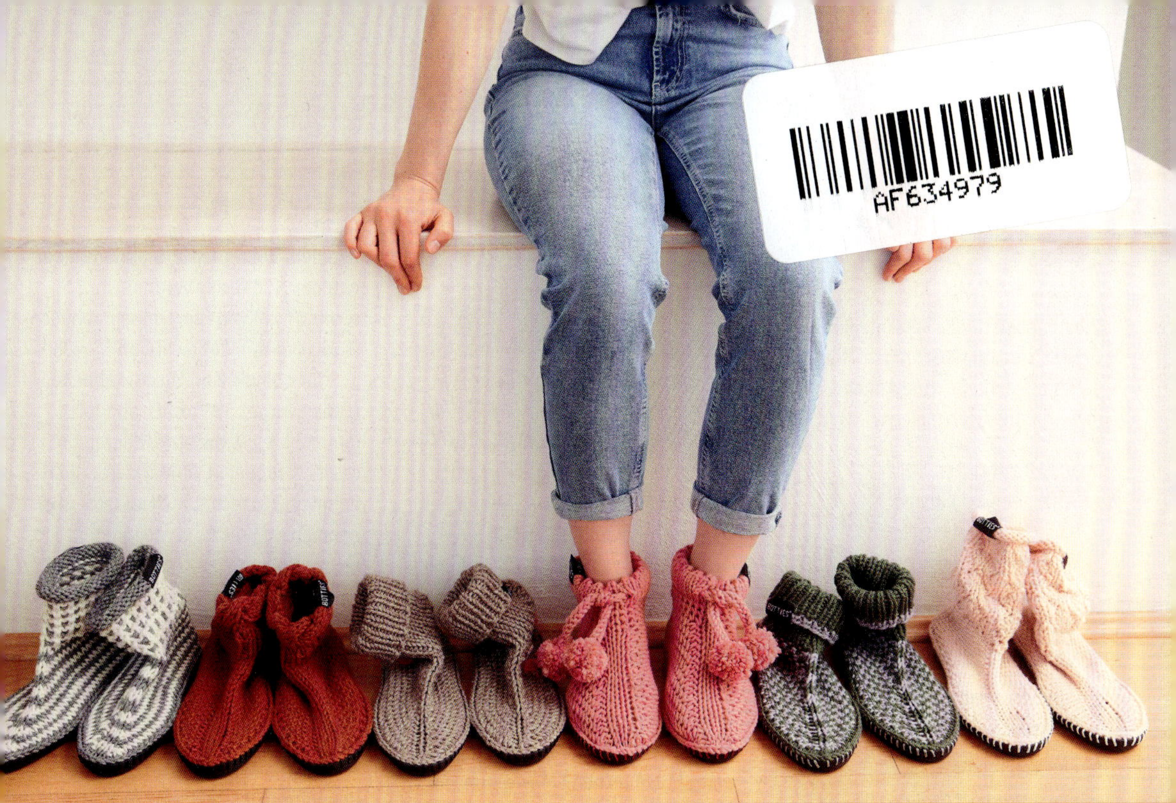

Kennen Sie eigentlich Botties®?

Ich stelle Sie Ihnen kurz vor: Botties® sind robuste Sohlen aus recycelbarem Kunststoff mit einer Lochung an der Kante. Aus dieser Lochung heraus kann gehäkelt, genäht und, wie ich Ihnen in diesem Buch zeige, gestrickt werden.

Das Besondere an den Botties®: Die Sohlen sind rutschfest, flexibel, wasserdicht und können bei 60° in der Maschine gewaschen werden. Die Einlegesohlen aus Filz sorgen für eine angenehme Federung und gut temperierte Füße zu jeder Jahreszeit.

Ich habe viele unterschiedliche Modelle entworfen, damit für alle etwas dabei ist: angefangen bei den poppigen Ringelschuhen über musterfreudige Noppenschuhe bis zu den klassischen Tennissocken-Schuhen für Sportfreunde. Lassen Sie sich einfach inspirieren und entscheiden Sie sich für Ihr Lieblingsmodell.

Viel Freude beim Auswählen und Nacharbeiten

GRÖSSE

XXS, XS, S, S+, M, L, XL

Die Angaben für die verschiedenen Größen sind durch Schrägstriche getrennt. Steht nur eine Angabe, gilt diese für alle Größen.

MATERIAL

- Schachenmayr Boston (LL 55 m/50 g) oder Woll Butt Ida (LL 60 m/50 g) in beliebiger Fb 100/100/100/100/150/150/150 g
- Nadelspiel 5,0 mm
- Rundstricknadel 5,0 mm, 60 cm lang
- 2 Maschenmarkierer
- 1 Paar Botties® für Erwachsene
- Botties® Nullrundengarn in Schwarz, 14 m
- Wollnadel

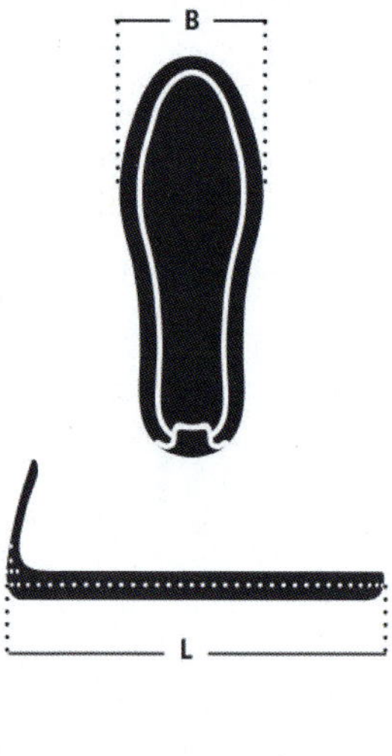

Basisanleitung 1 im Webmuster

30/32/32/32/36/36/36 M auf das Nd-Spiel anschl. Im Rippenmuster (1 M rechts, 1 M links im Wechsel) 22/24/24/24/28/28/28 R str, dabei für Größe XXS in der letzten Rd gleichmäßig verteilt 2 M mustergemäß verdoppeln (= 32/32/32/32/36/36/36 M).

Den Fuß im Webmuster arb und in jeder Rd wie folgt M zunehmen.

1. Rd: * 1 M wie zum Linksstr abheben (Faden vorne), 1 M rechts, ab * noch 6/6/6/6/7/7/7x wdh, 1 M rechts verdoppeln, M-Markierer setzen, 2 M rechts, M-Markierer setzen, 1 M rechts verdoppeln, ** 1 M rechts, 1 M wie zum Linksstr abheben (Faden vorne), ab ** fortlaufend wdh (= 34/34/34/34/38/38/38 M).

2. Rd: * 1 M rechts, 1 M wie zum Linksstr abheben (Faden vorne), ab * wdh bis 2 M vor M-Markierer, 1 M rechts, 1 M rechts verdoppeln, M-Markierer übernehmen, 2 M rechts, M-Markierer übernehmen, 1 M rechts verdoppeln, 1 M rechts ** 1 M wie zum Linksstr abheben (Faden vorne), 1 M rechts, ab ** wdh.

3. Rd: * 1 M wie zum Linksstr abheben (Faden vorne), 1 M rechts, ab * fortlaufend bis 1 M vor M-Markierer, 1 M rechts verdoppeln, M-Markierer übernehmen, 2 M rechts, M-Markierer übernehmen, 1 M rechts verdoppeln, ** 1 M rechts, 1 M wie zum Linksstr abheben (Faden vorne), ab ** fortlaufend wdh.

Die 2. und 3. Rd fortlaufend wdh, bis 70/70/74/74/78/78/82 M auf den Nd sind. Die M immer wieder gleichmäßig auf die Nd verteilen.

Größe XXS/S/M/XL

In der nächsten Rd rechte M str und dabei alle M abk.

Größe XS/S+/L

Die 2. Rd noch 1x wdh (= 72/76/80 M). In der nächsten Rd rechte M str und dabei alle M abk.

Größentabelle

Botties® Erwachsene	Schuhgröße	Länge x Breite	Löcher pro Sohle	Maschenzahl zum Abketten
XXS	36/37	24,2 cm x 9,4 cm	68	70
XS	38	25,2 cm x 9,8 cm	70	72
S	39	26,2 cm x 10,1 cm	72	74
S+	40/41	27,2 cm x 10,2 cm	74	76
M	42	28,2 cm x 10,5 cm	76	78
L	44	29,4 cm x 11 cm	78	80
XL	45/46	30,6 cm x 11,5 cm	80	82

Basisanleitung 2 im tunesischen Muster

30/32/32/32/36/36/36 M auf das Nd-Spiel anschl. Im Rippenmuster (1 M rechts, 1 M links im Wechsel) 22/24/24/24/28/28/28 R str, dabei für Größe XXS in der letzten Rd gleichmäßig verteilt 2 M mustergemäß verdoppeln (= 32/32/32/32/36/36/36 M).
Den Fuß im tunesischen Muster arb und in jeder Rd wie folgt M zunehmen.
1. Rd: * 1 U, 1 M wie zum Linksstr abheben (Faden hinten), ab * noch 13/13/13/13/15/15/15x wdh, M-Markierer setzen, 1 M rechts verdoppeln, M-Markierer setzen, 2 M rechts, M-Markierer setzen, 1 M rechts verdoppeln, ** 1 U, 1 M wie zum Linksstr abheben (Faden hinten), ab ** fortlaufend wdh (= 34/34/34/34/38/38/38 M).
2. Rd: * U und folgende M rechts verschränkt zusammenstr, ab * fortlaufend wdh bis 2 M vor M-Markierer, 1 M rechts, 1 M rechts verdoppeln, M-Markierer übernehmen, 2 M rechts, M-Markierer übernehmen, 1 M rechts verdoppeln, 1 M rechts, ** U und folgende M rechts verschränkt zusammenstr, ab ** fortlaufend wdh (= 36/36/36/36/40/40/40 M).
3. Rd: *1 U, 1 M wie zum Linksstr abheben (Faden hinten), ab * fortlaufend wdh bis 1 M vor M-Markierer, 1 M rechts verdoppeln, M-Markierer übernehmen, 2 M rechts, M-Markierer übernehmen, 1 M rechts verdoppeln, ** 1 U, 1 M wie zum Linksstr abheben (Faden hinten), ab ** fortlaufend wdh.
4. Rd: * U und folgende M rechts verschränkt zusammenstr, ab * fortlaufend wdh bis 2 M vor M-Markierer, 1 M rechts, 1 M rechts verdoppeln, M-Markierer übernehmen, 2 M rechts, M-Markierer übernehmen, 1 M rechts verdoppeln, 1 M rechts, ** U und folgende M rechts verschränkt zusammenstr, ab ** fortlaufend wdh.
Die 3. und 4. Rd fortlaufend wdh bis 68/72/72/76/76/80/80 M auf den Nd sind. Die M immer wieder auf die Nd verteilen und bei Bedarf zur Rundstricknd wechseln.

Größe XXS/S/M/XL
19./21./23./25. Rd: Wie die 3. Rd str (= 70/74/78/82 M).
20./22./24./26. Rd: * U und folgende M rechts verschränkt zusammenstr, ab * fortlaufend wdh bis 2 M vor M-Markierer, 2 M rechts, M-Markierer übernehmen, 2 M rechts, M-Markierer übernehmen, 2 M rechts, ** U und folgende M rechts verschränkt zusammenstr, ab ** fortlaufend wdh.
21./23./25./27. Rd: Rechte M str und dabei alle M abk.

Größe XS/S+/L
In der nächsten Rd rechte M str und dabei alle M abk.

Annähen der Sohle

Die gestrickten Schuhe anfeuchten, in Form ziehen und trocknen lassen.
Nach Wunsch Webetiketten annähen. Mit doppeltem Botties® Nullrundengarn die Sohle wie folgt annähen. Rechts von der Fersenlasche beginnen und zuerst den Bereich der Fersenlasche annähen. Dafür die Nd durch das seitliche, untere Loch der Fersenlasche von innen nach außen führen, den M-Hals der entsprechenden M von innen nach außen mit der Nd umschließen und die Nd durch das nächste, seitliche obere Loch wieder nach innen führen. Nun die Nd wieder im darunter liegenden Loch nach außen stechen, um den Hals der M führen und wieder in das nächste obere Loch nach innen führen. So weiterarb, bis die Fersenlasche angenäht ist. Darauf achten, dass der Faden fest angezogen wird, damit beide Teile gut miteinander verbunden werden.
* Weiter den Faden jeweils von innen nach außen durch das folgende Loch führen und dann um die folgende M schlingen. So bleibt der Faden nahezu unsichtbar. Ab * diesen Vorgang wiederholen, bis der Schuh komplett angenäht ist, dabei darauf achten, dass in der vorderen Mitte der Faden 2x um jeweils 2 M gleichzeitig geschlungen wird. So erklärt sich die um jeweils 2 M größere M-Zahl im Verhältnis zu den Löchern in der Sohle.
Zum Schluss den oberen Teil der Fersenlasche am Schuh befestigen. Dafür einen doppelten Faden Nullrundengarn jeweils durch 1 Loch und den Schuh nach außen ziehen und daneben wieder zurück durch den Schuh und das danebenliegende Loch nach innen ziehen. Die beiden Fadenenden gut verknoten und vernähen.

Hinweis: Die M-Zahl kann, je nach Muster, in den Anleitungen variieren.

Ringelreihen

mit doppeltem Rollrand

GRÖSSE

XXS, XS, S, S+, M, L, XL

Die Angaben für die verschiedenen Größen sind durch Schrägstriche getrennt. Steht nur eine Angabe, gilt diese für alle Größen.

Das Modell ist in Größe XXS gearbeitet.

MATERIAL

- Schachenmayr Boston (LL 55 m/50 g) in Fuchsia (Fb 56) 100/100/100/100/100/100/150 g, in Capriblau (Fb 154) und Quitte (Fb 123), je 50 g
- 2 Nadelspiele 5,0 mm
- Rundstricknadel 5,0 mm, 60 cm lang
- 2 Maschenmarkierer
- 1 Paar Botties® für Erwachsene
- Botties® Nullrundengarn in Schwarz, 14 m
- Wollnadel

MASCHENPROBE

Im tunesischen Muster mit Nd 5,0 mm 12 M und 28 Rd = 10 cm x 10 cm

Glatt rechts

In Rd alle M rechts str.

Rippenmuster

In Rd 1 M rechts, 1 M links im Wechsel str.

Streifenfolge

2 Rd in Quitte, 2 Rd in Capriblau, 4 Rd in Fuchsia im Wechsel str.

Tunesisches Muster

1. Rd: * 1 U, 1 M wie zum Linksstr abheben (Faden hinten), ab * fortlaufend wdh.
2. Rd: * U und folgende M rechts verschränkt zusammenstr, ab * fortlaufend wdh.
Die 1. und 2. Rd fortlaufend wdh.

Anleitung

Für den Rollrand in Capriblau 30/32/32/32/36/36/36 M auf das 1. Nd-Spiel anschl (= 7-8-7-8/8/8/8/9/9/9 M pro Nd) und zur Rd schließen. Der Rd-Beginn ist in der hinteren Mitte. 8 Rd glatt rechts str. Die Arbeit stilllegen.
In Quitte 30/32/32/32/36/36/36 M auf das 2. Nd-Spiel anschl, zur Rd schließen und 5 Rd glatt rechts str. Das Röllchen in Capriblau von innen durch das Röllchen in Quitte schieben und so ausrichten, dass der Rd-Beginn und alle Nd genau hintereinander liegen. In der nächsten Rd in Fuchsia je 1 M beider Röllchen rechts zusammenstr.
Für den Schaft in Fuchsia 12/12/12/12/14/14/14 Rd im Rippenmuster str.
Nun den Fuß in der Streifenfolge arb:
13./13./13./13./15./15./15. Rd: * 1 U, 1 M wie zum Linksstr abheben (Faden hinten), ab * noch 13/14/14/14/16/16/16x wdh, M-Markierer setzen, 2 M rechts, M-Markierer setzen, ** 1 U, 1 M wie zum Linksstr abheben (Faden hinten), ab ** fortlaufend wdh.
14./14./14./14./16./16./16. Rd: * U und folgende M rechts verschränkt zusammenstr, ab * fortlaufend wdh bis zum M-Markierer, 1 M linksgeneigt zunehmen, M-Markierer übernehmen, 2 M rechts, M-Markierer übernehmen, 1 M rechtsgeneigt zunehmen, ** U und folgende M rechts verschränkt zusammenstr, ab ** fortlaufend wdh (= 32/34/34/34/38/38/38 M).
15./15./15./15./17./17./17. Rd: * 1 U, 1 M wie zum Linksstr abheben (Faden hinten), ab * fortlaufend wdh bis M-Markierer, 1 M linksgeneigt zunehmen, M-Markierer übernehmen, 2 M rechts, M-Markierer übernehmen, 1 M rechtsgeneigt zunehmen, ** 1 U, 1 M wie zum Linksstr abheben (Faden hinten), ab ** fortlaufend wdh (= 34/36/36/36/40/40/40).
16./16./16./16./18./18./18. Rd: * U und folgende M rechts verschränkt zusammenstr, ab * fortlaufend wdh bis 1 M vor M-Markierer, 1 M rechts, 1 M linksgeneigt zunehmen, M-Markierer übernehmen, 2 M rechts, M-Markierer übernehmen, 1 M rechtsgeneigt zunehmen, 1 M rechts, ** U und folgende M rechts verschränkt zusammenstr, ab ** fortlaufend wdh (= 36/38/38/38/42/42/42 M).
Die letzten beiden Rd (jeder Größe) fortlaufend wdh und dabei weiter in der Streifenfolge arb, bis 32/32/32/32/34/34/34 Rd gestrickt sind (= 68/70/70/70/74/74/74 M).
Die M immer wieder gleichmäßig auf die Nd verteilen und bei Bedarf zur Rundstricknd wechseln.

Größe XXS und XS
33. Rd (Fuchsia): Wie die 15. Rd str (=70/72 M).
34. Rd: * U und folgende M rechts verschränkt zusammenstr, ab * fortlaufend wdh bis 1 M vor M-Markierer, 1 M rechts, M-Markierer übernehmen, 2 M rechts, M-Markierer übernehmen, 1 M rechts, ** U und folgende M rechts verschränkt zusammenstr, ab ** fortlaufend wdh.
35. Rd: Rechte M str und dabei alle M abk.

Größe S
33.+34. Rd (Fuchsia): Wie die 15. und 16. Rd str (=74 M).
35. Rd: Rechte M str und dabei alle M abk.

Größe S+
33.+34. Rd (Fuchsia): Wie die 15. und 16. Rd str (=74 M).
35. Rd: Wie die 15. Rd str (=76 M).
36. Rd: * U und folgende M rechts verschränkt zusammenstr, ab * fortlaufend wdh bis 1 M vor M-Markierer, 1 M rechts, M-Markierer übernehmen, 2 M rechts, M-Markierer übernehmen, 1 M rechts, ** U und folgende M rechts verschränkt zusammenstr, ab ** fortlaufend wdh.
37. Rd (Fuchsia): Rechte M str und dabei alle M abk.

Größe M
35.+36. Rd (Fuchsia): Wie die 17. und 18. Rd arb (=78 M).
37. Rd: Rechte M str und dabei alle M abk.

Größe L
35.+36. Rd (Fuchsia): Wie die 17. und 18. Rd arb (=78 M).
37. Rd: Wie die die 17. Rd arb (=80 M).
38. Rd: * U und folgende M rechts verschränkt zusammenstr, ab * fortlaufend wdh bis 1 M vor M-Markierer, 1 M rechts, M-Markierer übernehmen, 2 M rechts, M-Markierer übernehmen, 1 M rechts, ** U und folgende M rechts verschränkt zusammenstr, ab ** fortlaufend wdh.
39. Rd: Rechte M str und dabei alle M abk.

Größe XL
35.-38. Rd (Fuchsia): Die 17. und 18. Rd 2x arb (=82 M).
39. Rd: Rechte M str und dabei alle M abk.
Den 2. Bottie® ebenso str.

Fertigstellen

Alle Fäden vernähen. Die Schuhe anfeuchten und in Form ziehen, trocknen lassen. Mit dem Nullrundengarn an die Sohlen nähen und nach Wunsch Webetiketten annähen.

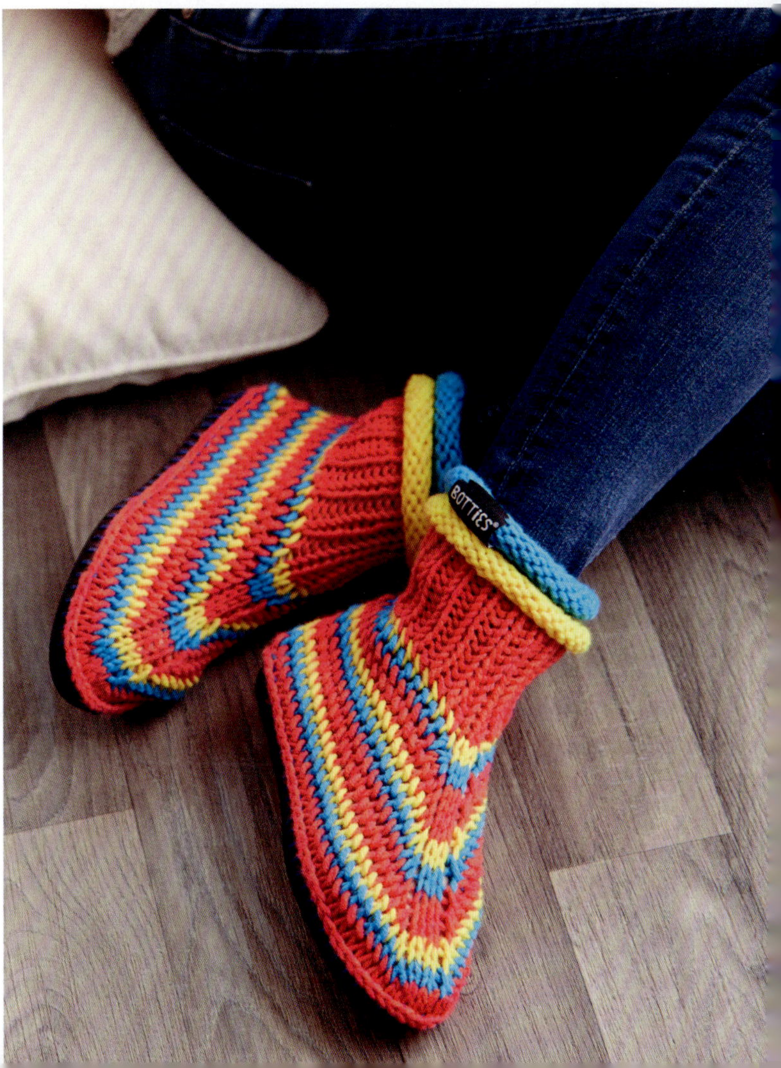

Bärenstark

mit Gesicht und Ohren

GRÖSSE
XXS, XS, S, S+, M, L, XL

Die Angaben für die verschiedenen Größen sind durch Schrägstriche getrennt. Steht nur eine Angabe, gilt diese für alle Größen.

Das Modell ist in Größe XXS gearbeitet.

MATERIAL

- Woll Butt Ida (LL 60 m/50 g) in Sand (Fb 80), 100/100/100/100/100/150/150 g und Anthrazit (Fb 72), 50 g
- Nadelspiel 5,0 mm
- Rundstricknadel 5,0 mm, 60 cm lang
- 2 Maschenmarkierer
- 1 Paar Botties® für Erwachsene
- Botties® Nullrundengarn in Schwarz, 14 m
- Wollnadel

MASCHENPROBE
Im tunesischen Muster mit Nd 5,0 mm
12 M und 28 Rd
= 10 cm x 10 cm

Rippenmuster

In Rd 1 M rechts, 2 M links im Wechsel str.

Tunesisches Muster

1. Rd: * 1 U, 1 M wie zum Linksstr abheben (Faden hinten), ab * fortlaufend wdh.
2. Rd: * U und folgende M rechts verschränkt zusammenstr, ab * fortlaufend wdh.
Die 1. und 2. Rd fortlaufend wdh.

Anleitung

In Anthrazit 30/33/33/33/36/36/36 M auf das Nd-Spiel anschl (= 8-7-8-7/8-8-8-9/8-8-8-9/8-8-8-9/9/9/9 M pro Nd) und zur Rd schließen. Für den Schaft in Sand 20/22/22/22/26/26/26 Rd im Rippenmuster str, dabei für die Größen XS, S und S+ in der letzten Rd 1x 2 M links zusammenstr (= 30/32/32/32/36/36/36 M).
21./23./23./23./27./27./27. Rd: * 1 U, 1 M wie zum Linksstr abheben (Faden hinten), ab * noch 13/14/14/14/16/16/16x wdh, M-Markierer setzen, 2 M rechts, M-Markierer setzen, ** 1 U, 1 M wie zum Linksstr abheben (Faden hinten), ab ** fortlaufend wdh.
22./24./24./24./28./28./28. Rd: * U und folgende M rechts verschränkt zusammenstr, ab * fortlaufend wdh bis M-Markierer, 1 M linksgeneigt zunehmen, M-Markierer übernehmen, 2 M rechts, M-Markierer übernehmen, 1 M rechtsgeneigt zunehmen, ** U und folgende M rechts verschränkt zusammenstr, ab ** fortlaufend wdh (= 32/34/34/34/38/38/38 M).
23./25./25./25./29./29./29. Rd: * 1 U, 1 M wie zum Linksstr abheben (Faden hinten), ab * fortlaufend wdh bis M-Makierer, 1 M linksgeneigt zunehmen, M-Markierer übernehmen, 2 M rechts, M-Markierer übernehmen, 1 M rechtsgeneigt zunehmen, ** 1 U, 1 M wie zum Linksstr (Faden hinten), ab ** fortlaufend wdh (= 34/36/36/36/40/40/40 M).
24./26./26./26./30./30./30. Rd: * U und folgende M rechts verschränkt zusammenstr, ab * fortlaufend wdh bis 1 M vor M-Markierer, 1 M rechts, 1 M linksgeneigt zunehmen, M-Markierer übernehmen, 2 M rechts, M-Markierer übernehmen, 1 M rechtsgeneigt zunehmen, 1 M rechts, ** U und folgende M rechts verschränkt zusammenstr, ab ** fortlaufend wdh (= 36/38/38/38/42/42/42 M).
Die letzten beiden Rd fortlaufend wdh, bis 68/70/74/74/78/78/82 M auf den Nd sind. Die M immer wieder gleichmäßig auf die Nd verteilen und bei Bedarf zur Rundstricknd wechseln.

Größe XXS, XS, S+, L
41./43./45./49. Rd: Wie die 23./25./25./29. Rd str (= 70/72/76/80 M).
42./44./46./50. Rd: * U und folgende M rechts verschränkt zusammenstr, ab * fortlaufend wdh bis 1 M vor M-Markierer, 1 M rechts, M-Markierer übernehmen, 2 M rechts, M-Markierer übernehmen, 1 M rechts, ** U und folgende M rechts verschränkt zusammenstr, ab ** fortlaufend wdh.
43./45./47./51. Rd: Rechte M str und dabei alle M abk.

Größe S/M/XL
45./49./51. Rd: Rechte M str und dabei alle M abk.
Den 2. Bottie® ebenso str.

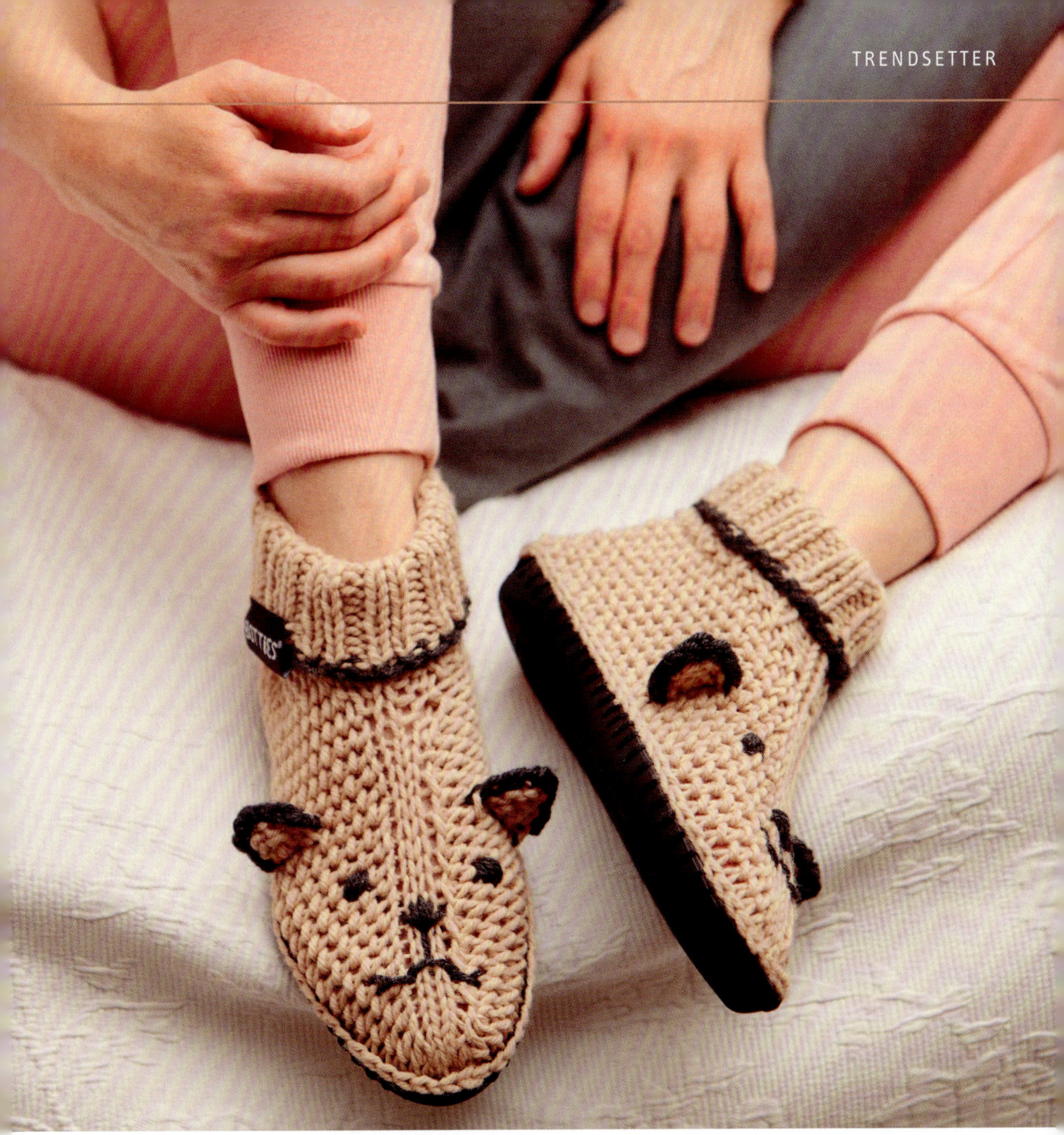

Ohr (4x)

In Anthrazit auf 1 Nd des Nd-Spiels 9 M anschl und wie folgt in R str:

1. R: In Sand 3 M rechts, 3 M rechts überzogen zusammenstr, 3 M rechts (= 7 M).

2. R: Rechte M str.

3. R: 2 M rechts, 3 M rechts überzogen zusammenstr, 2 M rechts (= 5 M).

4. R: Rechte M str.

5. R: 1 M rechts, 3 M rechts überzogen zusammenstr, 1 M rechts (= 3 M).

6. R: Alle M abk

Die anderen 3 Ohren ebenso str.

Fertigstellen

Alle Fäden vernähen. Die Schuhe anfeuchten und in Form ziehen, trocknen lassen. Die Ohren an die Schuhe nähen und das Gesicht in Anthrazit aufsticken. Mit dem Nullrundengarn die Schuhe an die Sohlen nähen und nach Wunsch Webetiketten annähen.

Rosige Seiten

mit Kordeln und Pompons

GRÖSSE

XXS, XS, S, S+, M, L, XL

Die Angaben für die verschiedenen Größen sind durch Schrägstriche getrennt. Steht nur eine Angabe, gilt diese für alle Größen.

Das Modell ist in Größe XS gearbeitet.

MATERIAL

- Schachenmayr Boston (LL 55 m/50 g) in Himbeere (Fb 36), 150 g
- Nadelspiel 5,0 mm
- Rundstricknadel 5,0 mm, 60 cm lang
- 2 Maschenmarkierer
- 1 Paar Botties® für Erwachsene
- Botties® Nullrundengarn in Schwarz, 14 m
- Pomponmaker für ø 3,5 cm
- Sicherheitsnadel
- Wollnadel

MASCHENPROBE

Im tunesischen Muster mit Nd 5,0 mm
12 M und 28 Rd
= 10 cm x 10 cm

Glatt rechts

In Rd alle M rechts str.

Tunesisches Muster

1. Rd: * 1 U, 1 M wie zum Linksstr abheben (Faden hinten), ab * fortlaufend wdh.
2. Rd: * U und folgende M rechts verschränkt zusammenstr, ab * fortlaufend wdh.

Die 1. und 2. Rd fortlaufend wdh.

Anleitung

32/32/32/32/36/36/36 M auf das Nd-Spiel anschl (= 8/8/8/8/9/9/9 M pro Nd) und zur Rd schließen. Der Rd-Beginn ist in der hinteren Mitte.

Zuerst ein doppeltes Bündchen mit Zackenkante str.

1.-6. Rd: Glatt rechts str.

7. Rd: * 2 M rechts zusammenstr, 1 U, ab * fortlaufend wdh.

8. Rd: Alle M und U rechts str.

9.-11. Rd: Glatt rechts str.

Für den Banddurchzug 2 Löcher einarb.

12. Rd: 13/13/13/13/15/15/15 M rechts, 2 M rechts zusammenstr, 1 U, 2 M rechts, 1 U, 2 M rechts überzogen zusammenstr, 13/13/13/13/15/15/15 M rechts.

13.+14. Rd: Glatt rechts str.

15. Rd: Die Anschlagkante so nach innen umschlagen, dass die 7. Rd eine Zackenkante bildet und die glatt rechts gestrickten Seiten jeweils außen liegen. * In folgende M einstechen und zusätzlich 1 M aus der Anschlagkante auffassen. Diese beiden M rechts zusammenstr. Ab * fortlaufend wdh.

16. Rd: * 1 U, 1 M wie zum Linksstr abheben (Faden hinten), ab * noch 14/14/14/14/16/16/16x wdh, M-Markierer setzen, 2 M rechts, M-Markierer setzen, ** 1 U, 1 M wie zum Linksstr abheben (Faden hinten), ab ** fortlaufend wdh.

17. Rd: * U und folgende M rechts verschränkt zusammenstr, ab * fortlaufend wdh bis M-Markierer, M-Markierer übernehmen, 2 M rechts, M-Markierer übernehmen, ** U und folgende M rechts verschränkt zusammenstr, ab ** fortlaufend wdh.

18. Rd: * 1 U, 1 M wie zum Linksstr abheben (Faden hinten), ab * fortlaufend wdh bis M-Markierer, M-Markierer übernehmen, 2 M rechts, M-Markierer übernehmen, ** 1 U, 1 M wie zum Linksstr abheben (Faden hinten), ab ** fortlaufend wdh.

19.+20. Rd: Wie die 17. und 18. Rd arb.

21. Rd: Wie die 17. Rd arb.

22. Rd: * 1 U, 1 M wie zum Linksstr abheben (Faden hinten), ab * fortlaufend wdh bis 1 M vor M-Markierer, 1 M rechts verdoppeln, M-Markierer übernehmen, 2 M rechts, M-Markierer übernehmen, 1 M rechts verdoppeln, ** 1 U, 1 M wie zum Linksstr abheben (Faden hinten), ab ** fortlaufend wdh (= 34/34/34/34/38/38/38 M).

23. Rd: * U und folgende M rechts verschränkt zusammenstr, ab * fortlaufend wdh bis 2 M vor M-Markierer, 1 M rechts, 1 M rechts verdoppeln, M-Markierer übernehmen, 2 M rechts, M-Markierer übernehmen, 1 M rechts verdoppeln, 1 M rechts, ** U und folgende M rechts verschränkt zusammenstr, ab ** fortlaufend wdh (= 36/36/36/36/40/40/40 M).

Die 22. und 23. Rd fortlaufend wdh, bis 68/72/72/76/76/80/80 auf den Nd sind.

Die M immer wieder gleichmäßig auf die Nd verteilen und bei Bedarf zur Rundstricknd wechseln.

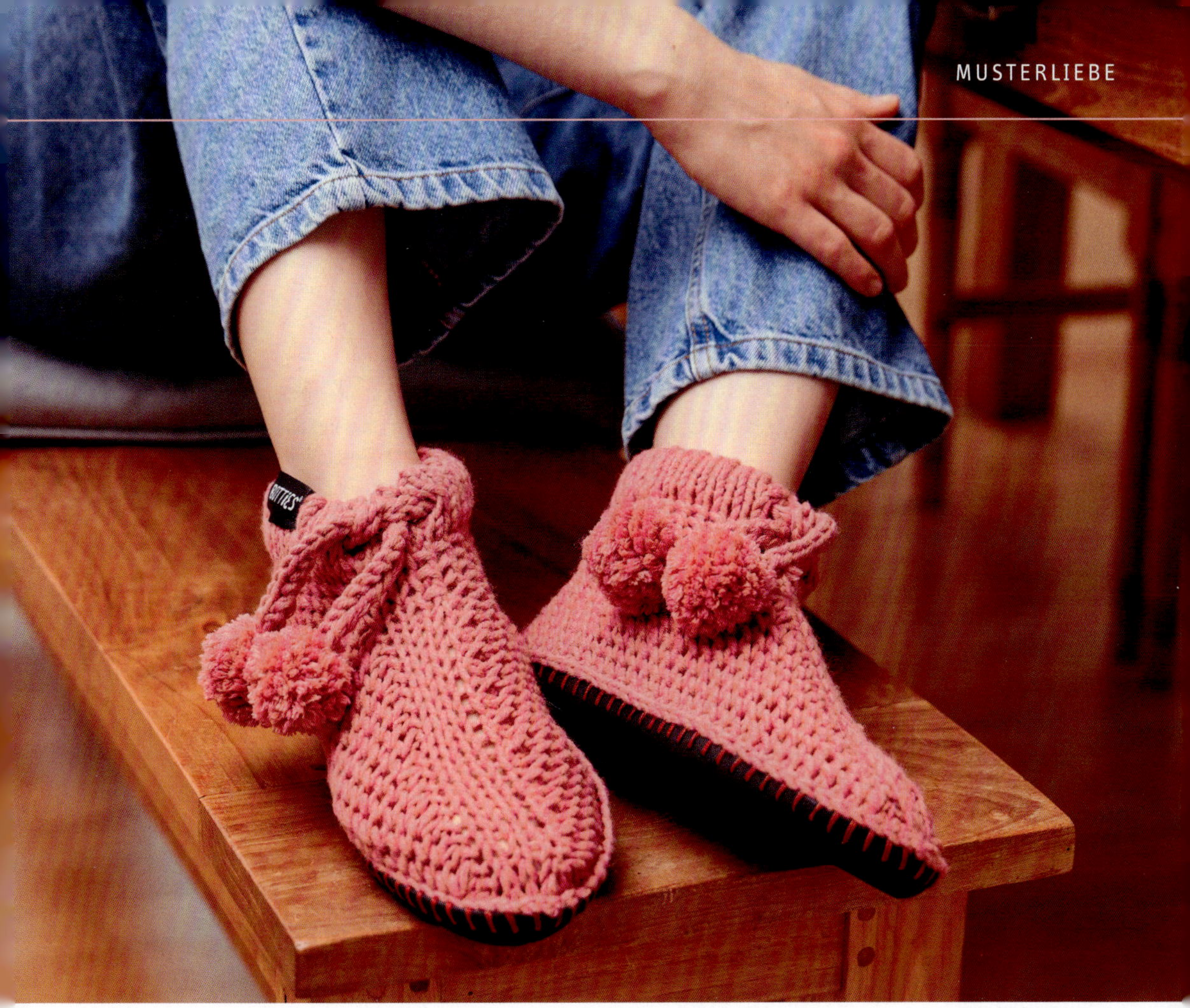

Größe XS, S+ und L
42./44./44. Rd: Alle M rechts str und dabei abk.

Größe XXS, S, M und XL
40./42./42./44. Rd: * 1 U, 1 M wie zum Linksstr abheben (Faden hinten), ab * fortlaufend wdh bis 1 M vor M-Markierer, 1 M rechts verdoppeln, M-Markierer übernehmen, 2 M rechts, M-Markierer übernehmen, 1 M rechts verdoppeln, ** 1 U, 1 M wie zum Linksstr abheben (Faden hinten), ab ** fortlaufend wdh (= 70/74/78/82 M).
41./43./43./45. Rd: * U und folgende M rechts verschränkt zusammenstr, ab * fortlaufend wdh bis 2 M vor M-Markierer, 2 M rechts, M-Markierer übernehmen, 2 M rechts, M-Markierer übernehmen, 2 M rechts, ** U und folgende M rechts verschränkt zusammenstr, ab ** fortlaufend wdh.
42./44./44./46. Rd: Alle M rechts str und dabei abk.
Den 2. Bottie® ebenso str.

Mein Tipp für Sie

Bündchen Wer will, kann die Bündchen nicht zusammenstricken, sondern umschlagen und annähen.

Kordel (2x)

60 M auf die Rundstricknd anschl.
1. R: Alle M rechts str und dabei abk.
Die 2. Kordel ebenso str.

Fertigstellen

Die Kordeln mit der Sicherheitsnadel durch die Bündchen ziehen. 4 Pompons mit ø 3,5 cm anfertigen und an die Enden der Kordeln nähen. Alle Fäden vernähen. Die Schuhe anfeuchten und in Form ziehen, trocknen lassen. Mit dem Nullrundengarn an die Sohlen nähen und nach Wunsch Webetiketten annähen.

Klare Kontraste

durch Hebemaschen

GRÖSSE

XXS, XS, S, S+, M, L, XL

Die Angaben für die verschiedenen Größen sind durch Schrägstriche getrennt. Steht nur eine Angabe, gilt diese für alle Größen.

Das Modell ist in Größe S gearbeitet.

MATERIAL

- Schachenmayr Boston (LL 55 m/50 g) in Natur (Fb 02), 50/50/50/50/50/100/100 g und Mittelgrau meliert (Fb 92), 50/50/50/50/50/100/100 g
- Nadelspiel 5,0 mm
- Rundstricknadel 5,0 mm, 60 cm lang
- 2 Maschenmarkierer
- 1 Paar Botties® für Erwachsene
- Botties® Nullrundengarn in Schwarz, 14 m
- Wollnadel

MASCHENPROBE

Im senkrechten tunesischen Muster mit Nd 5,0 mm
12 M und 28 Rd
= 10 cm x 10 cm

Glatt rechts

In Rd alle M rechts str.

Hebemaschenmuster

1. Rd: Rechte M str.
2. Rd: Linke M str.
3. Rd: * 1 M rechts, 1 M wie zum Linksstr abheben (Faden hinten), ab * fortlaufend wdh.
4. Rd: * 1 M links, 1 M wie zum Linksstr abheben (Faden hinten), ab * fortlaufend wdh.
Die 1.-4. Rd fortlaufend wdh.

Senkrechtes tunesisches Muster

1. Rd: * 1 M wie zum Linksstr abheben (Faden hinten), 1 U, ab * fortlaufend wdh.
2. Rd: * 1 M mit dem folgenden U rechts verschränkt zusammenstr, ab * fortlaufend wdh.
Die 1. und 2. Rd fortlaufend wdh.

Streifenfolge

2 Rd in Natur, 2 Rd in Mittelgrau meliert im Wechsel str.

Anleitung

In Mittelgrau meliert 30/32/32/32/36/36/36 M auf das Nd-Spiel anschl (= 7-8-7-8/8/8/8/9/9/9 M pro Nd) und zur Rd schließen. Für den Rollrand 6 Rd glatt rechts str.
7.-10. Rd: Das Hebemaschenmuster in der Streifenfolge str.
Die 7.-10. Rd noch 4/4/4/4/5/5/5x wdh. Der Rd-Beginn ist nicht in der hinteren Mitte, sondern 1 M nach links verschoben.
27./27./27./27./31./31./31. Rd (Natur): * 1 M wie zum Linksstr abheben (Faden hinten), 1 U, ab * noch 12/13/13/13/14/14/14x wdh, 1 M rechts, M-Markierer setzen, 1 M rechts, M-Markierer setzen, 1 M rechts, ** 1 M wie zum Linksstr abheben (Faden hinten), 1 U, ab ** fortlaufend wdh.
28./28./28./28./32./32./32. Rd: * 1 M mit dem folgenden U rechts verschränkt zusammenstr, ab * fortlaufend wdh bis 1 M vor M-Markierer, 1 M rechts, M-Markierer übernehmen, 1 M rechts, M-Markierer übernehmen, 1 M rechts, ** 1 M mit dem folgenden U rechts verschränkt zusammenstr, ab ** fortlaufend wdh.
29./29./29./29./33./33./33. Rd (Mittelgrau): * 1 M wie zum Linksstr abheben (Faden hinten), 1 U, ab * fortlaufend wdh bis 1 M vor M-Markierer, 1 M rechts verdoppeln, M-Markierer übernehmen, 1 M rechts, M-Markierer übernehmen, 1 M rechts verdoppeln, ** 1 M wie zum Linksstr abheben (Faden hinten), 1 U, ab ** fortlaufend wdh.
30./30./30./30./34./34./34. Rd: * 1 M mit dem folgenden U rechts verschränkt zusammenstr, ab * fortlaufend wdh bis 2 M vor M-Markierer, 1 M rechts, 1 M rechts verdoppeln, M-Markierer übernehmen, 1 M rechts, M-Markierer übernehmen, 1 M rechts verdoppeln, 1 M rechts, ** 1 M mit dem folgenden U rechts verschränkt zusammenstr, ab ** fortlaufend wdh.
Die letzten beiden Rd fortlaufend wdh, dabei die Streifenfolge einhalten, bis 70/72/72/76/76/80/80 M auf den Nd sind. Die M immer wieder gleichmäßig auf die Nd verteilen und bei Bedarf zur Rundstricknd wechseln.

Größe XXS/XS/S+/L

49./49./51./55. Rd (Natur): Rechte M str und dabei alle M abk.

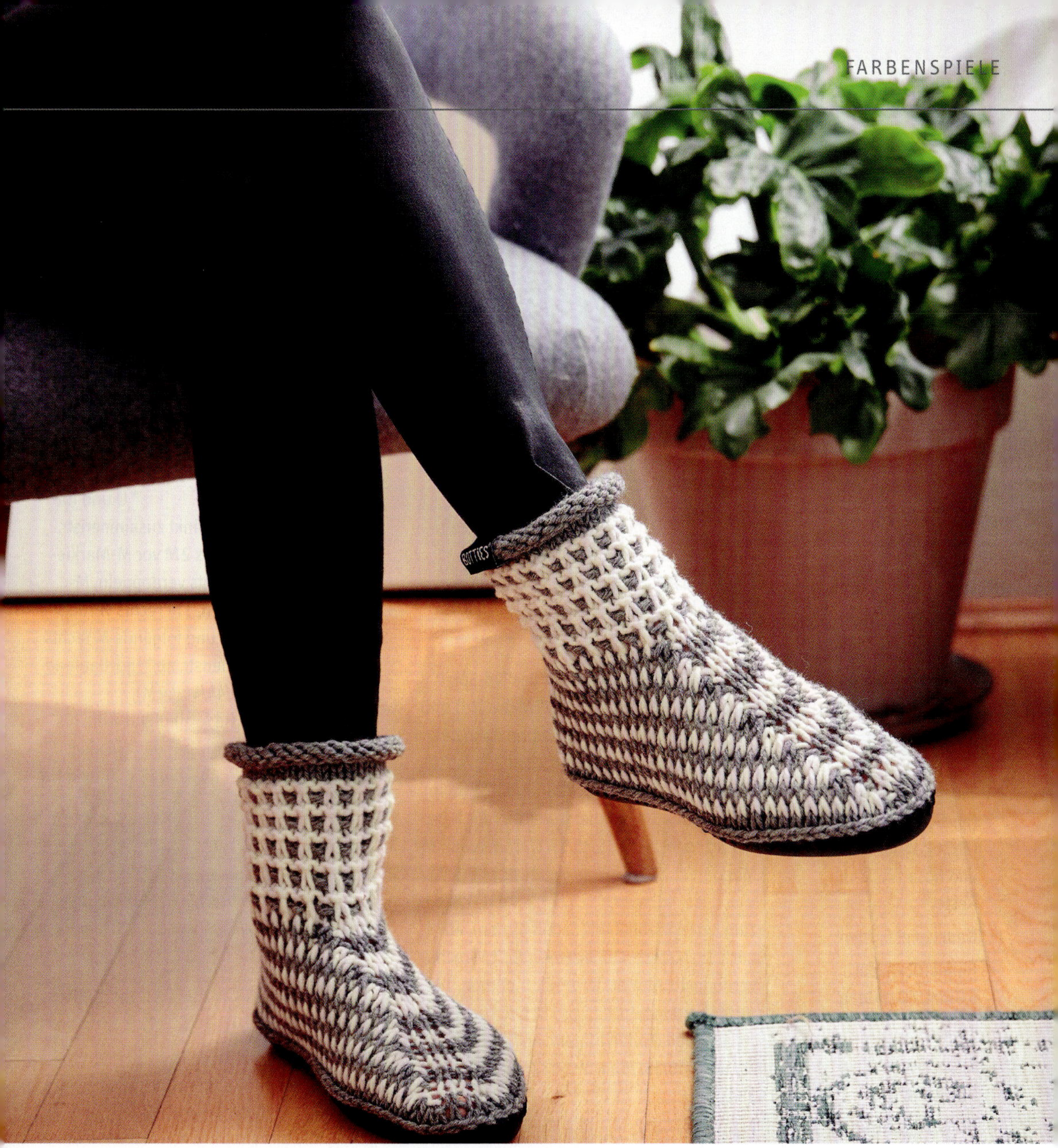

Größe S/M/XL
Weiter in der Streifenfolge:
49./53./55.Rd: Wie die 29./29./29./29./33./33./33. Rd str (=74/78/82 M).
50./54./56. Rd: * 1 M mit dem folgenden U rechts verschränkt zusammenstr, ab * fortlaufend wdh bis 2 M vor M-Markierer, 2 M rechts, M-Markierer übernehmen, 1 M rechts, M-Markierer übernehmen, 2 M rechts, ** 1 M mit dem folgenden U M rechts verschränkt zusammenstr, ab ** fortlaufend wdh.
51./55./57. Rd: Rechte M str und dabei alle M abk.
Den 2. Bottie® ebenso str.

Fertigstellen

Alle Fäden vernähen. Die Schuhe anfeuchten und in Form ziehen, trocknen lassen. Mit dem Nullrundengarn an die Sohlen nähen und nach Wunsch Webetiketten annähen.

Netzwerk

mit Ajourmuster

GRÖSSE

XS/S/S+

Die Angaben für die verschiedenen Größen sind durch Schrägstriche getrennt. Steht nur eine Angabe, gilt diese für alle Größen.

Das Modell ist in Größe S+ gearbeitet.

MATERIAL

- Woll Butt Ida (LL 60 m/50 g) in Puder (Fb 786), 100 g
- Nadelspiel 5,0 mm
- Rundstricknadel 5,0 mm, 60 cm lang
- 2 Maschenmarkierer
- 1 Paar Botties® für Erwachsene
- Botties® Nullrundengarn in Weiß, 14 m
- Wollnadel

MASCHENPROBE

Im Webmuster mit Nd 5,0 mm
12 M und 32 Rd
= 10 cm x 10 cm

Webmuster

1. Rd: * 1 M wie zum Linksstr abheben (Faden vorne), 1 M rechts, ab * fortlaufend wdh.
2. Rd: * 1 M rechts, 1 M wie zum Linksstr abheben (Faden vorne), ab * fortlaufend wdh.

Glatt rechts

In Rd alle M rechts str.

Ajourmuster

Nach der Strickschrift die 1.-8. Rd 4x arb. Dabei den Rapport von 8 M fortlaufend wdh. Es sind nur die ungeraden Rd gezeichnet. In den geraden Rd alle M und U rechts str.

■	○	◢	■	◣	○	■	■	7
○	■	◢	■	◣	■	○	■	5
◣	○	■	■	■	○	◢	■	3
◣	■	○	■	○	■	◢	■	1

Rapport = 8 Maschen

■ = 1 Masche rechts

○ = 1 Umschlag

◢ = 2 Maschen rechts zusammenstricken

◣ = 2 Maschen rechts überzogen zusammenstricken: 1 Masche wie zum Rechtsstricken abheben, die nächste Masche rechts stricken und die abgehobene Masche überziehen

Anleitung

32 M auf das Nd-Spiel anschl (= 8 M pro Nd) und zur Rd schließen. Der Rd-Beginn ist in der hinteren Mitte.
Für den Rollrand 6 Rd glatt rechts str.
Für den Schaft die 1.-8. Rd des Ajourmusters 4x str.
Für den Fuß wie folgt str:
39. Rd: * 1 M wie zum Linksstr abheben (Faden vorne), 1 M rechts, ab * noch 6x wdh, 1 M rechts verdoppeln, M-Markierer setzen, 2 M rechts, M-Markierer setzen, 1 M rechts verdoppeln, ** 1 M rechts, 1 M wie zum Linksstr abheben (Faden vorne), ab * noch 6x wdh (= 34 M).
40. Rd: * 1 M rechts, 1 M wie zum Linksstr abheben (Faden vorne), ab * fortlaufend wdh bis 2 M vor M-Markierer wdh, 1 M rechts, 1 M rechts verdoppeln, M-Markierer übernehmen, 2 M rechts, M-Markierer übernehmen, 1 M rechts verdoppeln, ** 1 M rechts, 1 M wie zum Linksstr abheben (Faden vorne), ab ** bis 1 M vor Rd-Ende wdh, 1 M rechts (= 36 M).
41. Rd: * 1 M wie zum Linksstr abheben (Faden vorne), 1 M rechts, ab * fortlaufend wdh bis 1 M vor M-Markierer, 1 M rechts verdoppeln, M-Markierer übernehmen, 2 M rechts, M-Markierer übernehmen, 1 M rechts verdoppeln, ** 1 M rechts, 1 M wie zum Linksstr abheben (Faden vorne), ab ** fortlaufend wdh (= 38 M).
Die 40. und 41. Rd fortlaufend wdh, bis 70/74/74 M auf den Nd sind.
Die M immer wieder gleichmäßig auf die Nd verteilen und bei Bedarf zur Rundstricknd wechseln.

Größe XS/S+

58./60. Rd: Wie die 40. Rd arb (= 72/76 M).
59./61. Rd: Rechte M str und dabei abk.

Größe S

60. Rd: Rechte M str und dabei abk.
Den 2. Bottie® ebenso str.

Fertigstellen

Alle Fäden vernähen. Die Schuhe anfeuchten und in Form ziehen, trocknen lassen. Mit dem Nullrundengarn die Schuhe an die Sohlen nähen und nach Wunsch Webetiketten annähen.

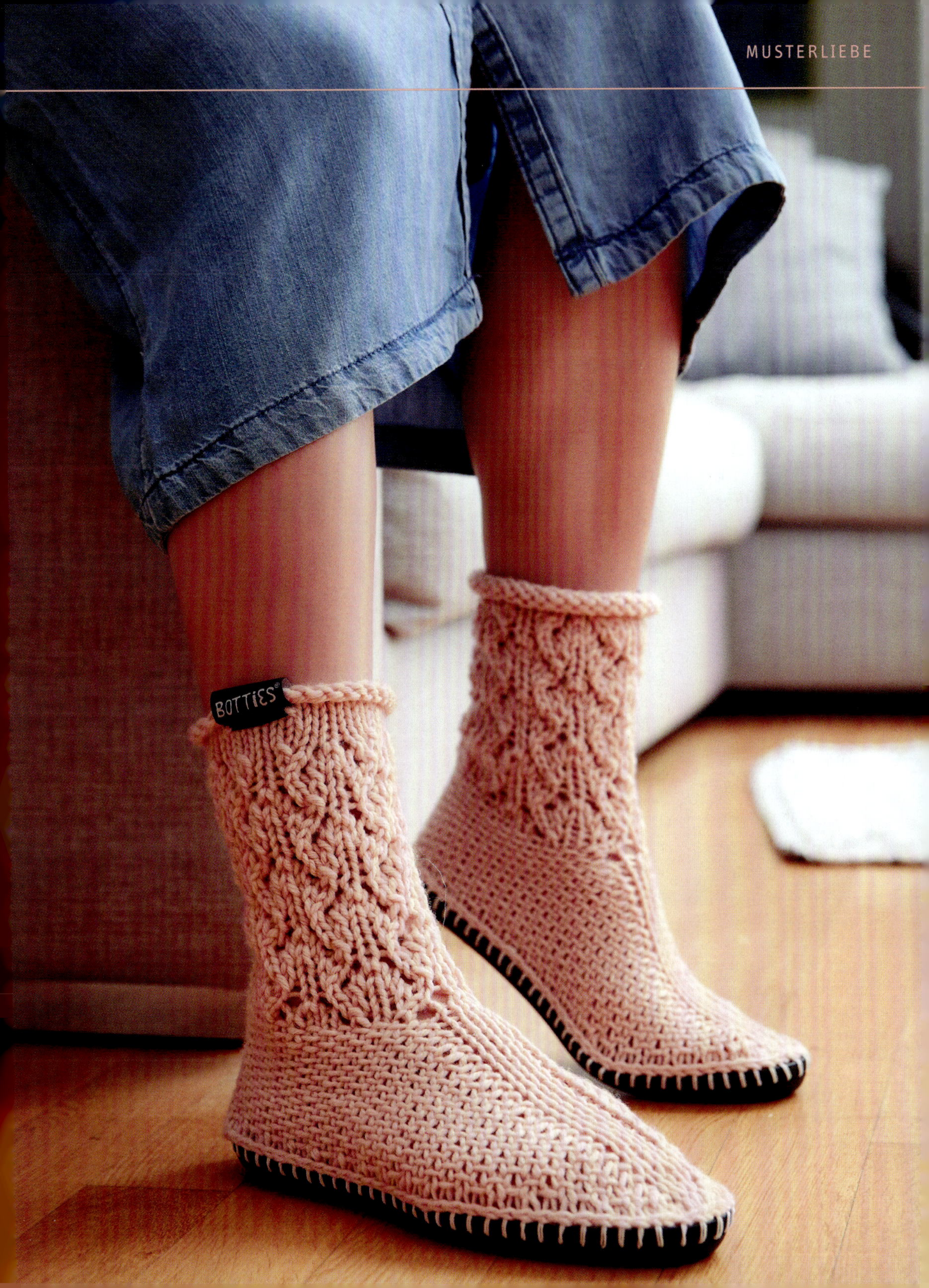
BOTTIES

Deep Purple

im Strukturmuster

GRÖSSE
XXS/XS/S/S+/M/L/XL

Die Angaben für die verschiedenen Größen sind durch Schrägstriche getrennt. Steht nur eine Angabe, gilt diese für alle Größen.

Das Modell ist in Größe S gearbeitet.

MATERIAL
- Schachenmayr Boston (LL 55 m/50 g) in Violett (Fb 49), 100/100/100/150/150/150/150 g
- Nadelspiel 5,0 mm
- Rundstricknadel 5,0 mm, 60 cm lang
- 2 Maschenmarkierer
- 1 Paar Botties® für Erwachsene
- Botties® Nullrundengarn in Schwarz, 14 m
- Wollnadel

MASCHENPROBE
Im Strukturmuster mit Nd 5,0 mm 14 M und 23 Rd = 10 cm x 10 cm

Glatt rechts
In Rd alle M rechts str.

Strukturmuster
1. Rd: * 1 M links, 1 M rechts, 1 M links, ab * fortlaufend wdh.
2. Rd: Rechte M str.
Die 1. und 2. Rd fortlaufend wdh.

Anleitung

30/32/32/32/36/36/36 M auf das Nd-Spiel anschl (= 7-8-7-8/8/8/8/9/9/9 M pro Nd) und zur Rd schließen. Der Rd-Beginn ist in der vorderen Mitte.
Zuerst ein doppeltes Bündchen mit Zackenkante wie folgt str:
1.-4 Rd: Glatt rechts str.
5. Rd: * 2 M rechts zusammenstr, 1 U, ab * fortlaufend wdh.
6. Rd: Alle M und U rechts str
7.-10. Rd: Glatt rechts str.
11. Rd: Die Anschlagkante so nach innen umschlagen, dass die Umbruchkante einen unteren Abschluss bildet und die glatt rechts gestrickten Seiten jeweils außen liegen. * Jetzt in folgende M einstechen und zusätzlich 1 M aus der Anschlagkante auffassen. Diese beiden M rechts zusammenstr. Ab * fortlaufend wdh.
Weiter im Strukturmuster str:
12. Rd: 1 M rechts, M-Markierer setzen, rechte M bis 1 M vor Rd-Ende, M-Markierer setzen, 1 M rechts.
13. Rd: 1 M rechts, M-Markierer übernehmen, im Strukturmuster (= * 1 M links, 1 M rechts, 1 M links, ab * fortlaufend wdh) bis zum M-Markierer, M-Markierer übernehmen, 1 M rechts.
14. Rd: 1 M rechts, M-Markierer übernehmen, im Strukturmuster (= rechte M) bis zum M-Markierer, M-Markierer übernehmen, 1 M rechts.
15.-18. Rd: Die 13. und 14. Rd noch 2x wdh.
19. Rd: 1 M rechts, M-Markierer übernehmen, 1 M rechtsgeneigt zunehmen, im Strukturmuster bis zum M-Markierer, 1 M linksgeneigt zunehmen, M-Markierer übernehmen, 1 M rechts (= 32/34/34/34/38/38/38 M).
Die 19. Rd fortlaufend wdh, dabei die Zunahmen mustergemäß str, bis 70/72/74/76/78/80/82 M auf den Nd sind.
Die M immer wieder gleichmäßig auf die Nd verteilen und bei Bedarf zur Rundstricknd wechseln.
In der nächsten Rd rechte M str und dabei alle M abk.
Den 2. Bottie® ebenso str.

Fertigstellen
Alle Fäden vernähen. Die Schuhe anfeuchten und in Form ziehen, trocknen lassen. Mit dem Nullrundengarn die Schuhe an die Sohlen nähen und nach Wunsch Webetiketten annähen.

Mein Tipp für Sie
Bündchen Wer will, kann die Bündchen nicht zusammenstricken, sondern umschlagen und annähen.

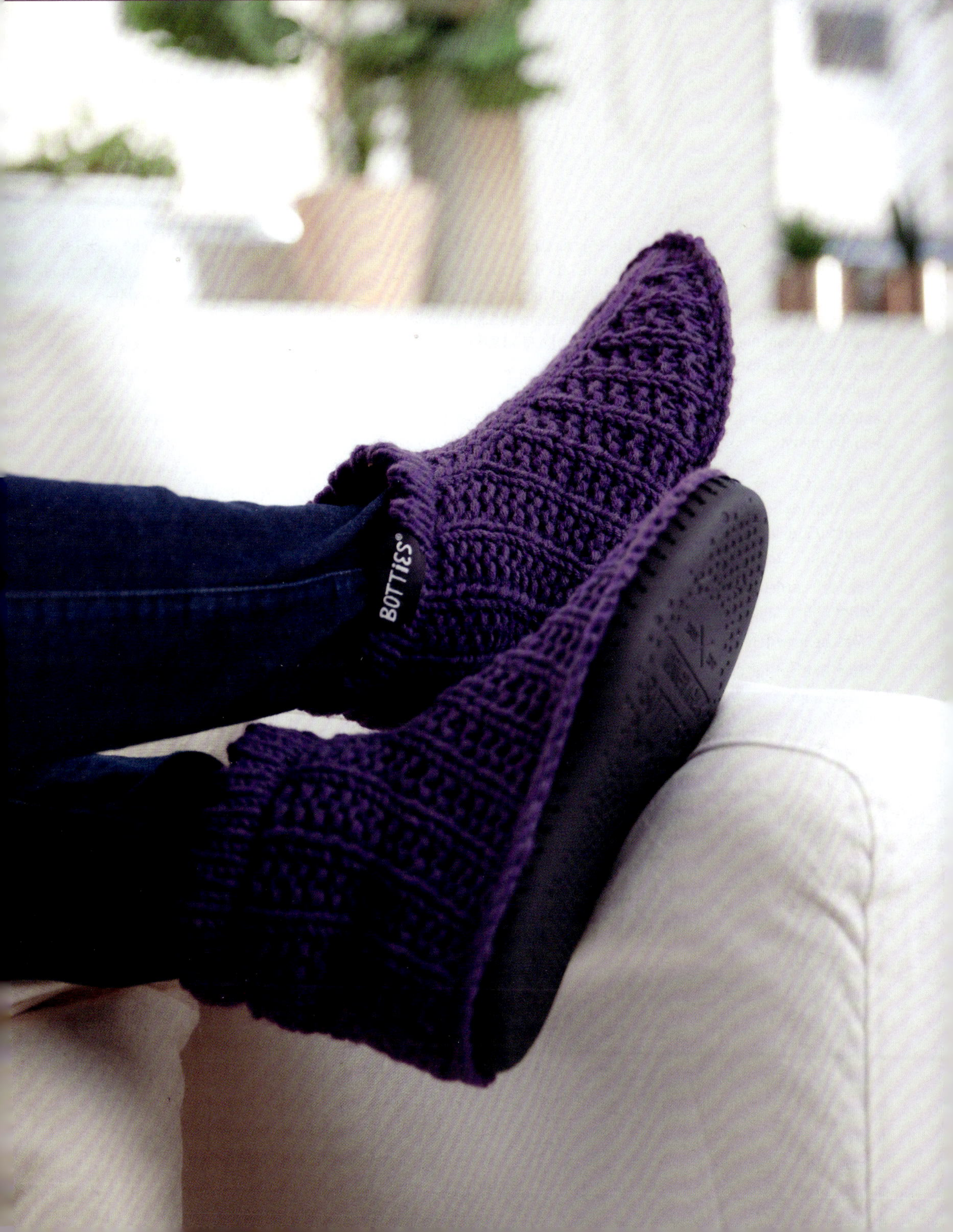
BOTTIES®

Cool und weich

mit vielen Noppen

GRÖSSE

XS, S, S+

Die Angaben für die verschiedenen Größen sind durch Schrägstriche getrennt. Steht nur eine Angabe, gilt diese für alle Größen.

Das Modell ist in Größe XS gearbeitet.

MATERIAL

- Woll Butt Ida (LL 60 m/50 g) in Curry (Fb 71), 150 g
- Rundstricknadel 5,0 mm, 60 cm lang
- 1 Maschenmarkierer
- 1 Paar Botties® für Erwachsene
- Botties® Nullrundengarn in Schwarz, 14 m
- Wollnadel

MASCHENPROBE

Im tunesischen Muster mit Nd 5,0 mm 12 M und 28 Rd = 10 cm x 10 cm

Tunesisches Muster

1. R: * 1 U, 1 M wie zum Rechtsstr abheben (Faden hinten), ab * fortlaufend wdh.
2. R: * 1 M mit dem folgenden U rechts verschränkt zusammenstr, ab * fortlaufend wdh.
Die 1. und 2. R fortlaufend wdh.

Noppe

Aus 1 M 4 M herausstr (im Wechsel 1 M rechts, 1 M rechts verschränkt), dann nacheinander die 3., 2. und 1. M über die 4. M ziehen.

Noppenmuster

Ungerade M-Zahl.
1. R (Rückr): Rechte M str.
2. R (Hinr) und alle weiteren Hinr: Rechte M str.
3. R: Rdm, 1 M rechts, * 1 Noppe, 1 M rechts, ab * fortlaufend wdh, Rdm.
5. R: Rdm, * 1 Noppe, 1 M rechts, ab * fortlaufend wdh, 1 Noppe, Rdm.
Die 2.-5. R fortlaufend wdh.

Knötchen-Randmasche

Die 1. und letzte M jeder R rechts str.

Anleitung

Für den Schaft 13 M auf die Rundstricknd anschl und weiter in R str.
1.-49. R: Im Noppenmuster mit Knötchen-Rdm str.
50. R: Alle M rechts str und dabei abk.
Für den Schuh mit der Rundstricknd aus einer seitlichen Kante des Schafts gleichmäßig verteilt 32 M herausstr. Weiter in R mit Knötchen-Rdm arb.

1. R (Rückr): Rdm, * 1 U, 1 M wie zum Rechtsstr abheben (Faden hinten), ab * noch 13x wdh, 1 M links, M-Markierer setzen (= vordere Mitte), 1 M links, ** 1 U, 1 M wie zum Rechtsstr abheben (Faden hinten), ab ** fortlaufend wdh, bis 1 M vor R-Ende, Rdm.
2. R: Rdm, * 1 M mit dem folgenden U rechts verschränkt zusammenstr, ab * noch 13x wdh, 1 M rechts, M-Markierer übernehmen, 1 M rechts, ** 1 M mit dem folgenden U rechts verschränkt zusammenstr, ab ** fortlaufend wdh, bis 1 M vor R-Ende, Rdm.
3. R: Rdm, * 1 U, 1 M wie zum Rechtsstr abheben (Faden hinten), ab * fortlaufend wdh bis 1 M vor M-Markierer, 1 M links verdoppeln, M-Markierer übernehmen, 1 M links verdoppeln, ** 1 U, 1 M wie zum Rechtsstr abheben (Faden hinten), ab ** fortlaufend wdh, bis 1 M vor R-Ende, Rdm (= 34 M).
4. R: Rdm, * 1 M mit dem folgenden U rechts verschränkt zusammenstr, ab * fortlaufend wdh bis 2 M vor M-Markierer, 1 M rechts, 1 M rechts verdoppeln, M-Markierer übernehmen, 1 M rechts verdoppeln, 1 M rechts, ** 1 M mit dem folgenden U rechts verschränkt zusammenstr, ab ** fortlaufend wdh bis 1 M vor R-Ende, Rdm (= 36 M).
5.+6. R: Wie die 3. und 4. R str (= 40 M).
7. R: Rdm, * 1 Noppe, 1 M rechts, ab * fortlaufend wdh bis 1 M vor M-Markierer, 1 M links verdoppeln, M-Markierer übernehmen, 1 M links verdoppeln, ** 1 M rechts, 1 Noppe, ab ** fortlaufend wdh, bis 1 M vor R-Ende, Rdm (= 42 M).
8. R: Rdm, rechte M bis 1 M vor M-Markierer, 1 M rechts verdoppeln, M-Markierer übernehmen, 1 M rechts verdoppeln, rechte M bis 1 M vor R-Ende, Rdm (= 44 M).

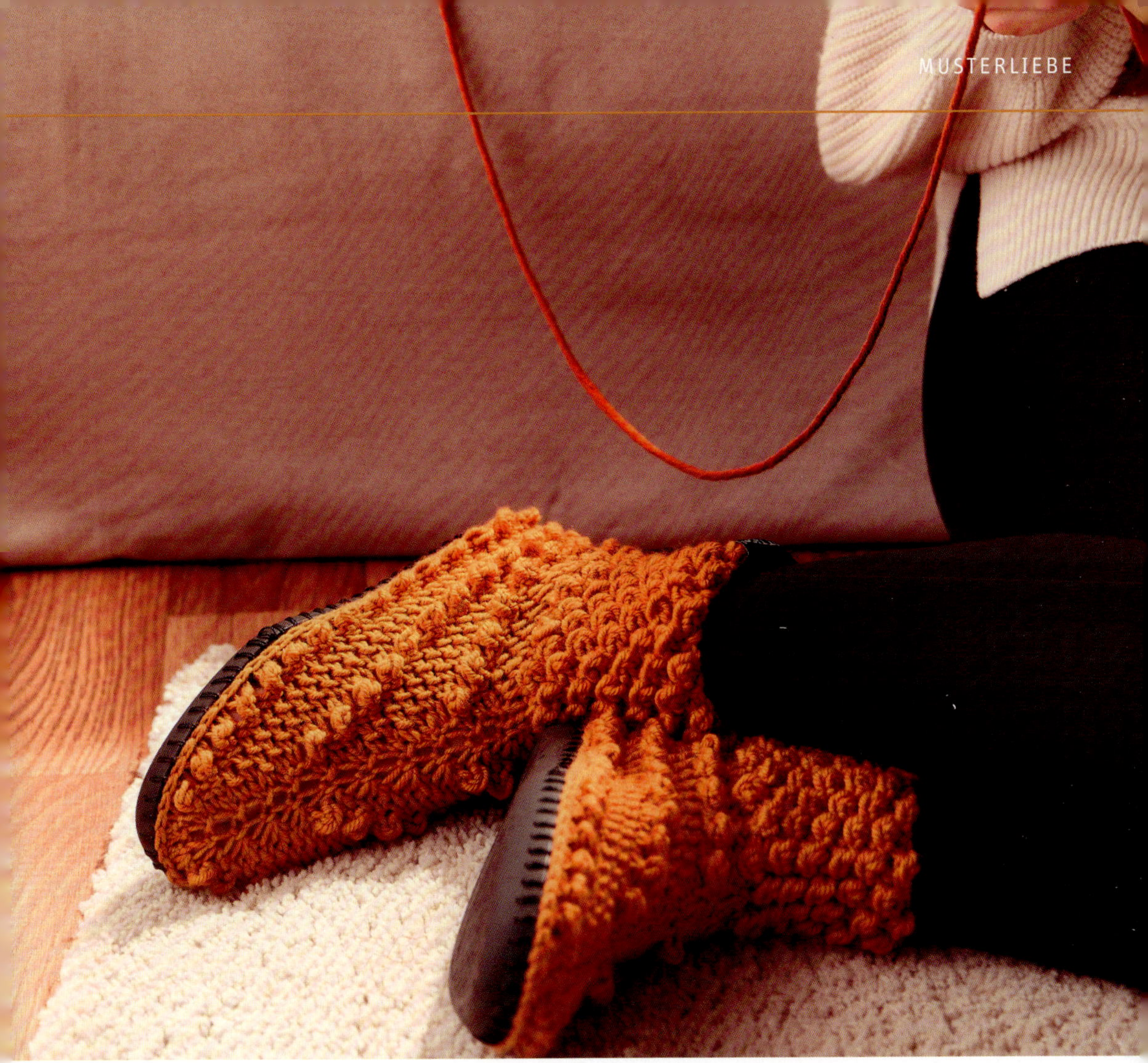

9.-14. R: Die 3. und 4. R 3x wdh (=56 M).
15.+16. R: Wie die 7.+8. R str (=60 M).
17.-22. R: Die 3. und 4. R 3x arb (=72 M). Die M immer wieder gleichmäßig auf die Nd verteilen und bei Bedarf zur Rundstricknd wechseln.

Größe XS

23. R: * 1 Noppe, 1 M rechts, ab * fortlaufend wdh bis 1 M vor M-Markierer wdh, 1 M links, M-Markierer übernehmen, 1 M links, ** 1 M rechts, 1 Noppe, ab ** fortlaufend wdh, bis 1 M vor R-Ende, Rdm.
24. R: Rechte M str und dabei alle M abk.

Größe S

23. R: Wie die 7. R arb (=74 M).
24. R: Rechte M str und dabei alle M abk.

Größe S+

23. R: Wie die 7. R arb (=74 M).
24. R: Wie die 8. R arb (=76 M).
25. R: Rechte M str und dabei alle M abk.
Den 2. Bottie® ebenso str.

Fertigstellen

Alle Fäden vernähen. Die hintere Naht schließen. Die Schuhe anfeuchten und in Form ziehen, trocknen lassen. Mit dem Nullrundengarn die Schuhe an die Sohlen nähen und nach Wunsch Webetiketten annähen.

Starke Akzente

mit Streifen und Knöpfen

GRÖSSE
XS/S/S+

Die Angaben für die verschiedenen Größen sind durch Schrägstriche getrennt. Steht nur eine Angabe, gilt diese für alle Größen.

Das Modell ist in Größe S gearbeitet.

MATERIAL

- Schachenmayr Boston (LL 55 m/50 g) in Hellgrau meliert (Fb 90), 100 g und in Natur (Fb 02), 50 g
- Nadelspiel 5,0 mm
- Rundstricknadel 5,0 mm, 60 cm lang
- 2 Maschenmarkierer
- 1 Paar Botties® für Erwachsene
- Botties® Nullrundengarn in Schwarz, 14 m
- 4 Holzknöpfe, ø 20 mm
- Wollnadel

MASCHENPROBE
Im Webmuster
mit Nd 5,0 mm
12 M und 32 Rd
= 10 cm x 10 cm

Streifenfolge

2 R in Natur, 2 R in Hellgrau meliert im Wechsel str.

Kraus rechts

In R nur rechte M str.

Webmuster

1. Rd: * 1 M wie zum Linksstr abheben (Faden vorne), 1 M rechts, ab * fortlaufend wdh.
2. Rd: * 1 M rechts, 1 M wie zum Linksstr abheben (Faden vorne), ab * fortlaufend wdh.

Anleitung

Rechter Schuh

In Hellgrau 16 M auf die Rundstricknd oder eine Nd des Nd-Spiels anschl. Zu Natur wechseln und weiter in der Streifenfolge arb.
1.-70. R: Kraus rechts str.
71. R: 2 M rechts, 2 M rechts zusammenstr, 1 U (= Knopfloch), 7 M rechts, 2 M rechts zusammenstr, 1 U (= Knopfloch), 3 M rechts.
72. R: Alle M und U rechts str.
73.-76. R: Kraus rechts str, dabei in der 76. R alle M abk.
An der rechten Kante nacheinander die Nd des Nd-Spiels durch die äußere M jeder kraus rechts gestrickten Rippe schieben, dabei die M wie folgt einteilen: die 1. Nd durch 15 Rippen schieben, die 2., 3. und 4. Nd durch je 8 Rippen (= 39 M).
Die Nd zur Rd legen, dabei die 4. Nd nach vorne über die 1. Nd legen und in Rd arb:
1. Rd: Die ersten 7 M der 4. Nd nacheinander mit jeweils 1 M der 1. Nd rechts zusammenstr, 1 weitere M rechts auf die 1. Nd str, auf die 2., 3. und 4. Nd 8 M rechts str (= 32 M). ***
2. Rd: Rechte M str. Die M der nächsten Nd ebenfalls rechts str und so den Rd-Beginn in die hintere Mitte verlegen.
3. Rd: * 1 M wie zum Linksstr abheben (Faden vorne), 1 M rechts, ab * noch 6x wdh, 1 M rechts verdoppeln, M-Markierer setzen, 2 M rechts, M-Markierer setzen, 1 M rechts verdoppeln, ** 1 M rechts, 1 M wie zum Linksstr abheben (Faden vorne), ab ** noch 6x wdh (= 34 M).
4. Rd: * 1 M rechts, 1 M wie zum Linksstr abheben (Faden vorne), ab * fortlaufend wdh bis 2 M vor M-Markierer, 1 M rechts, 1 M rechts verdoppeln, M-Markierer übernehmen, 2 M rechts, M-Markierer übernehmen, 1 M rechts verdoppeln, ** 1 M rechts, 1 M wie zum Linksstr abheben (Faden vorne), ab ** bis 1 M vor Rd-Ende wdh, 1 M rechts (= 36 M).
5. Rd: * 1 M wie zum Linksstr abheben (Faden vorne), 1 M rechts, ab * fortlaufend wdh bis 1 M vor M-Markierer, 1 M rechts verdoppeln, M-Markierer übernehmen, 2 M rechts, M-Markierer übernehmen 1 M rechts verdoppeln, ** 1 M rechts, 1 M wie zum Linksstr abheben (Faden vorne), ab ** fortlaufend wdh.
Die 4. und 5. Rd fortlaufend wdh, bis 70/72/74 M auf den Nd sind.
Die M immer wieder gleichmäßig auf die Nd verteilen und bei Bedarf zur Rundstricknd wechseln.

Größe XS/S+
22./24. Rd: Wie die 4. Rd str (= 72/76 M).
23./25. Rd: Rechte M str und dabei alle M abk.

Größe S
23. Rd: Rechte M str und dabei alle M abk.

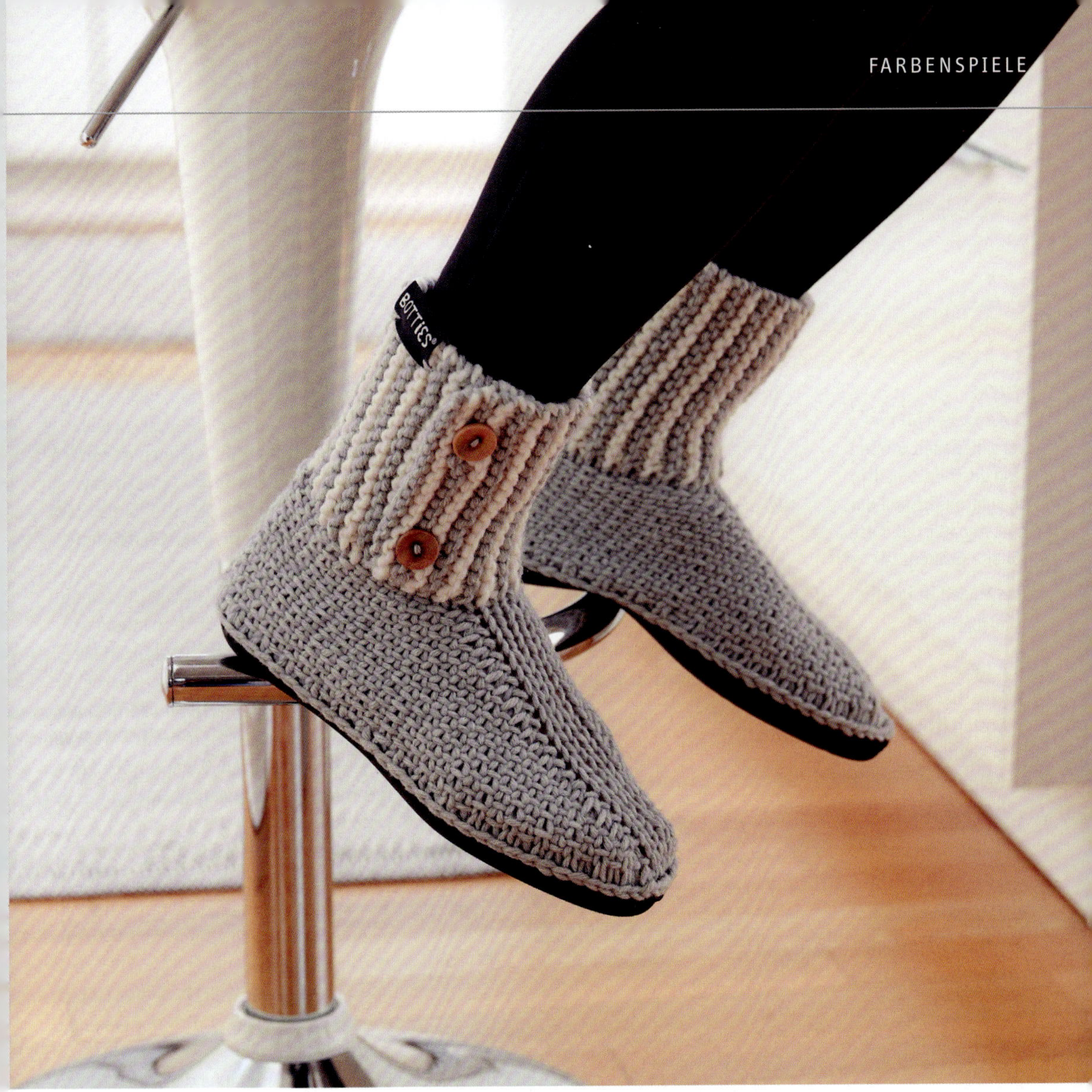

Linker Schuh

Den Schaft wie beim rechten Schuh kraus rechts in der Streifenfolge str, aber bereits in der 5. R die beiden Knopflöcher einarb.
Aus der rechten Kante nacheinander die Nd des Nd-Spiels durch die äußere M jeder kraus rechts Rippe schieben, dabei die M wie folgt einteilen: die 1. Nd durch 15 Rippen schieben, die 2., 3. und 4. Nd durch je 8 Rippen (= 39 M).

Die Nd zur Rd legen, dabei die 1. Nd nach vorne über die 4. Nd legen und in Rd arb:
1. Rd: Die ersten 7 M der 1. Nd nacheinander mit jeweils 1 M der 4. Nd rechts zusammenstr, 1 weitere M rechts auf die 1. Nd str, auf die 2., 3. und 4. Nd 8 M rechts str (= 32 M).
Weiter ab *** wie den rechten Schuh str.

Fertigstellen

Alle Fäden vernähen. Die Schuhe anfeuchten und in Form ziehen, trocknen lassen. Jeweils 2 Knöpfe wie abgebildet an den Bund nähen. Mit dem Nullrundengarn die Schuhe an die Sohlen nähen und nach Wunsch Webetiketten annähen.

Schöner Abschluss

mit Zopfbündchen

GRÖSSE

M/L/XL
Die Angaben für die verschiedenen Größen sind durch Schrägstriche getrennt. Steht nur eine Angabe, gilt diese für alle Größen.

Das Modell ist in Größe M gearbeitet.

MATERIAL

- Schachenmayr Boston (LL 55 m/50 g) in Kupfer (Fb 13), 100 g
- Nadelspiel 5,0 mm
- Rundstricknadel 5,0 mm, 60 cm lang
- 2 Maschenmarkierer
- 1 Paar Botties® für Erwachsene
- Botties® Nullrundengarn in Schwarz, 14 m
- Wollnadel

MASCHENPROBE

Im Webmuster mit Nd 5,0 mm
12 M und 32 Rd
= 10 cm x 10 cm

Rippenmuster

In Rd 1 M rechts, 1 M links im Wechsel str.

Webmuster

1. Rd: * 1 M wie zum Linksstr abheben (Faden vorne), 1 M rechts, ab * fortlaufend wdh.
2. Rd: * 1 M rechts, 1 M wie zum Linksstr abheben (Faden vorne), ab * fortlaufend wdh.

Zopfblende

Nach der Strickschrift die 1.-6. R fortlaufend wdh. Es werden keine gesonderten Randm gestrickt. Es sind nur die Hinr gezeichnet. In den Rückr die M str, wie sie erscheinen.

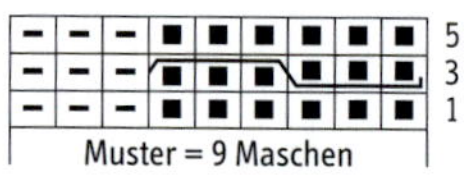

– = 1 Masche rechts
■ = 1 Masche links
= 3 Maschen auf einer Hilsnadel vor die Arbeit legen, 3 Maschen rechts stricken, dann die 3 Maschen der Hilfsnadel rechts stricken.

Anleitung

Für die Zopfblende 9 M auf einer Nd des Nd-Spiels anschl.
1. R (Rückr): 3 M rechts, 6 M links str.
2.-43. R: Die 1.-6. R des Zopfmusters 7x str.
44. R: Die M str, wie sie erscheinen und dabei alle M abk.
Die Blende zur Rd legen und die Abkettkante im Maschenstich an die Anschlagkante nähen. Die Naht bildet die hintere Mitte.
Mit den Nd des Nd-Spiels aus der Kante mit den linken M, beginnend an der Naht, 36 M herausstr, auf 4 Nd verteilen und zur Rd schließen (= 9 M pro Nd). Rd-Beginn ist die hintere Mitte.
Für den Schaft 5 Rd im Rippenmuster str.

Für den Fuß wie folgt weiter in Rd arb:
6. Rd: * 1 M wie zum Linksstr abheben (Faden vorne), 1 M rechts, ab * noch 7x wdh, 1 M rechts verdoppeln, M-Markierer setzen, 2 M rechts, M-Markierer setzen, 1 M rechts verdoppeln, ** 1 M rechts, 1 M wie zum Linksstr abheben (Faden vorne), ab ** fortlaufend wdh (= 38 M).
7. Rd: * 1 M rechts, 1 M wie zum Linksstr abheben (Faden vorne), ab * fortlaufend wdh bis 2 M vor M-Markierer, 1 M rechts, 1 M rechts verdoppeln, M-Markierer übernehmen, 2 M rechts, M-Markierer übernehmen, 1 M rechts verdoppeln, 1 M rechts, ** 1 M wie zum Linksstr abheben (Faden vorne), 1 M rechts, ab ** fortlaufend bis 1 M vor R-Ende wdh, 1 M rechts (= 40 M).
8. Rd: * 1 M wie zum Linksstr abheben (Faden vorne), 1 M rechts, ab * fortlaufend wdh bis 1 M vor M-Markierer, 1 M rechts verdoppeln, M-Markierer übernehmen, 2 M rechts, M-Markierer übernehmen, 1 M rechts verdoppeln, ** 1 M rechts, 1 M wie zum Linksstr abheben (Faden vorne), ab ** fortlaufend wdh (= 42 M).
Die 7. und 8. Rd fortlaufend wdh, bis 78/78/82 M auf den Nd sind.
Die M immer wieder gleichmäßig auf die Nd verteilen und bei Bedarf zur Rundstricknd wechseln.

Größe M/XL
27./29. Rd: Rechte M str und dabei alle M abk.

Größe L
27. Rd: Wie die die 7. Rd str (= 80 M).
28. Rd: Rechte M str und dabei alle M abk.
Den 2. Bottie® ebenso str.

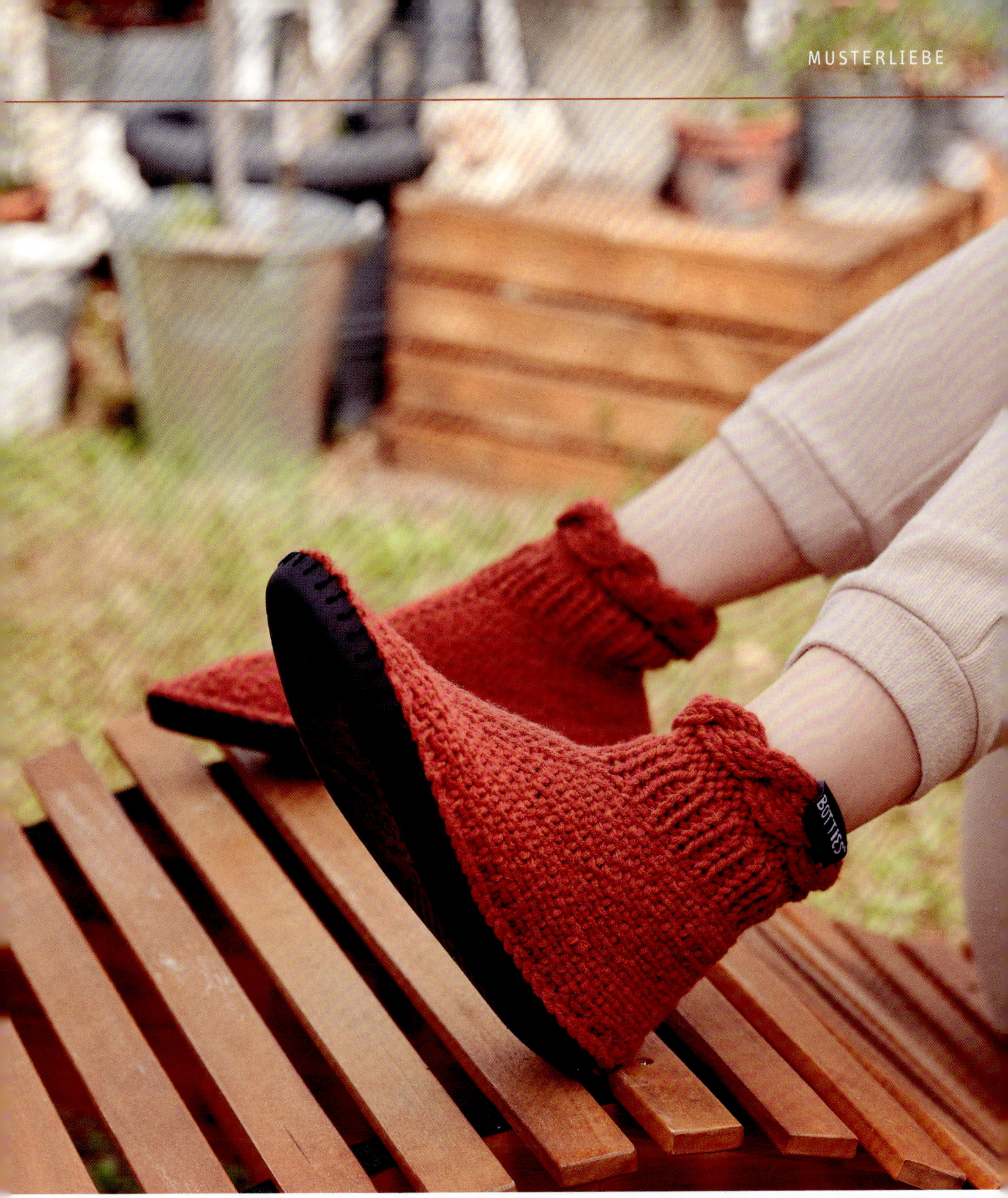

Fertigstellen

Alle Fäden vernähen. Die Schuhe anfeuchten und in Form ziehen, trocknen lassen. Mit dem Nullrundengarn die Schuhe an die Sohlen nähen und nach Wunsch Webetiketten annähen.

Schlichte Eleganz

im Webmuster

GRÖSSE
S+/M/L

Die Angaben für die verschiedenen Größen sind durch Schrägstriche getrennt. Steht nur eine Angabe, gilt diese für alle Größen.

Das Modell ist in Größe M gearbeitet.

MATERIAL

- Woll Butt Ida (LL 60 m/50 g) in Trachtengrün (Fb 26), 100 g und in Hellgrau (Fb 69), 50 g
- Nadelspiel 5,0 mm
- Rundstricknadel 5,0 mm, 60 cm lang
- 1 Maschenmarkierer
- 1 Paar Botties® für Erwachsene
- Botties® Nullrundengarn in Hellgrau, 14 m
- Wollnadel

MASCHENPROBE
Im Webmuster mit Nd 5,0 mm
12 M und 32 Rd
= 10 cm x 10 cm

Streifenfolge

2 Rd in Hellgrau und 2 Rd in Trachtengrün im Wechsel str.

Rippenmuster

In Rd 1 M rechts, 1 M links im Wechsel str.

Webmuster

1. Rd: * 1 M wie zum Linksstr abheben (Faden vorne), 1 M rechts, ab * fortlaufend wdh.
2. Rd: * 1 M rechts, 1 M wie zum Linksstr abheben (Faden vorne), ab * fortlaufend wdh.

Anleitung

In Hellgrau 34 M auf eine Nd des Nd-Spiels anschl und, damit die schönere Anschlagkante nach dem Umschlagen des Bündchens außen liegt, die Arbeit wenden.
1 R im Rippenmuster str und dabei die M gleichmäßig auf die Nd des Nd-Spiels verteilen (= 8-9-8-9 M).
Für den Schaft in Trachtengrün 23 Rd im Rippenmuster str, dabei am Ende der 1. Rd die M zur Rd schließen.
Den Fuß in der Streifenfolge arb:
24. Rd: * 1 M wie zum Linksstr abheben (Faden vorne), 1 M rechts, ab * noch 7x wdh, 1 M rechts, M-Markierer setzen, 1 M rechts, ** 1 M rechts, 1 M wie zum Linksstr abheben (Faden vorne), ab ** noch 7x wdh.
25. Rd: * 1 M rechts, 1 M wie zum Linksstr abheben (Faden vorne), ab * noch 7x wdh, 1 M rechts, M-Markierer übernehmen, 1 M rechts, ** 1 M wie zum Linksstr abheben (Faden vorne), 1 M rechts, ab ** noch 7x wdh.
26. Rd: * 1 M wie zum Linksstr abheben (Faden vorne), 1 M rechts, ab * fortlaufend wdh bis 1 M vor M-markierer, 1 M rechts verdoppeln, M-Markierer übernehmen, 1 M rechts verdoppeln, ** 1 M rechts, 1 M wie zum Linksstr abheben (Faden vorne), ab ** fortlaufend wdh (= 36 M).
27. Rd: * 1 M rechts, 1 M wie zum Linksstr abheben (Faden vorne), ab * fortlaufend wdh bis 2 M vor M-Markierer, 1 M rechts, 1 M rechts verdoppeln, M-Markierer übernehmen, 1 M rechts verdoppeln, 1 M rechts, ** 1 M wie zum Linksstr abheben (Faden vorne), 1 M rechts, ab ** fortlaufend wdh (= 38 M).
28. Rd: * 1 M wie zum Linksstr abheben (Faden vorne), 1 M rechts, ab * fortlaufend wdh bis 1 M vor M-markierer, 1 M rechts verdoppeln, M-Markierer übernehmen, 1 M rechts verdoppeln, ** 1 M rechts, 1 M wie zum Linksstr abheben (Faden vorne), ab ** fortlaufend wdh (= 40 M).
29. Rd: * 1 M rechts, 1 M wie zum Linksstr abheben (Faden vorne), ab * fortlaufend wdh bis 2 M vor M-Markierer, 1 M rechts, 1 M rechts verdoppeln, M-Markierer übernehmen, 1 M rechts verdoppeln, 1 M rechts, ** 1 M wie zum Linksstr abheben (Faden vorne), 1 M rechts, ab ** fortlaufend wdh (= 42 M).
30.-45. Rd: Die 28. und 29. Rd fortlaufend wdh und dabei die Streifenfolge einhalten (= 74 M).
Die M immer wieder gleichmäßig auf die Nd verteilen und bei Bedarf zur Rundstricknd wechseln.

Größe S+
46. Rd (Trachtengrün): Wie die 28. Rd. arb (= 76 M).
47. Rd: Rechte M str und dabei alle M abk.

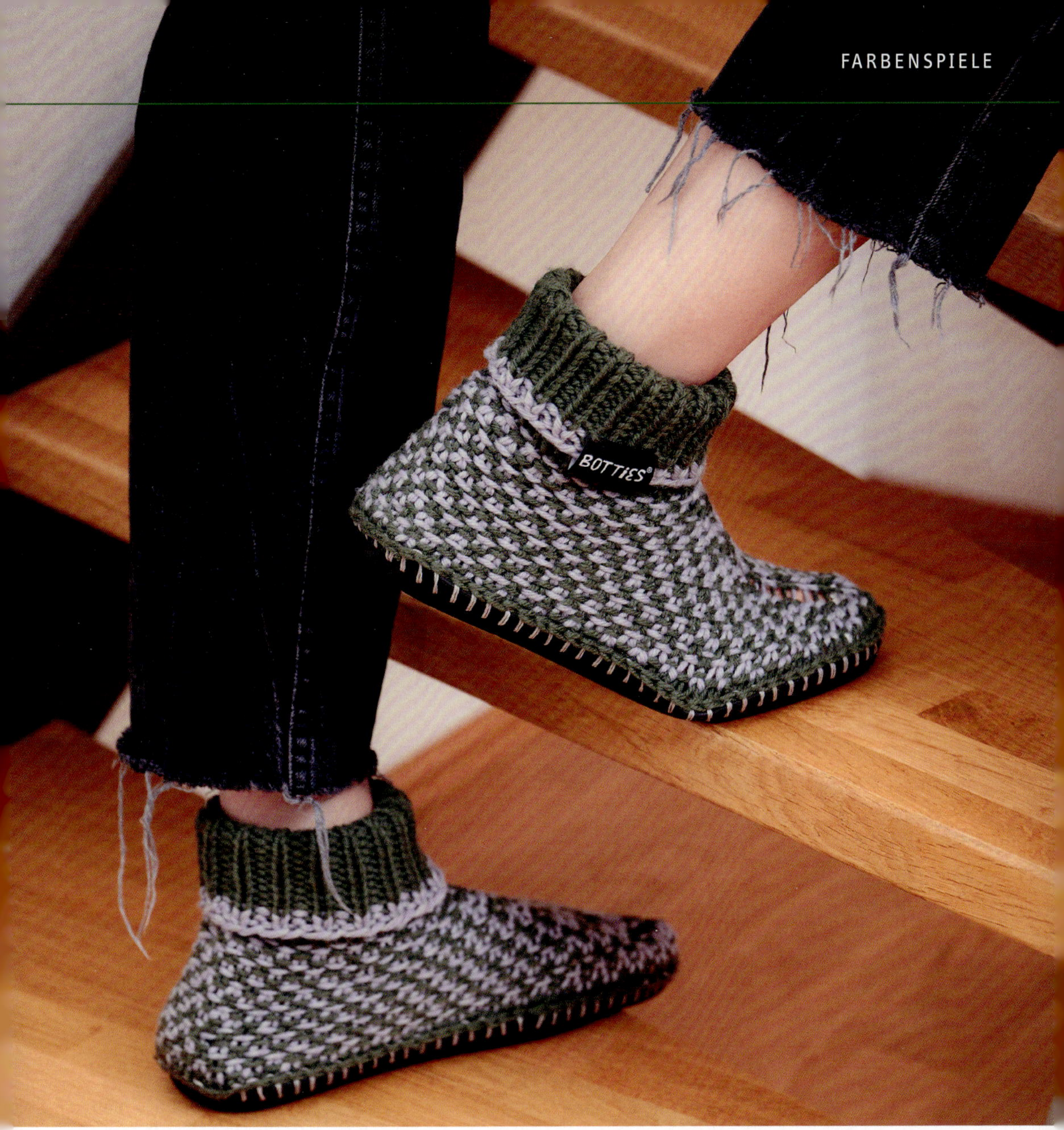

Größe M

46.+47. Rd (Trachtengrün): Wie die 28. und 29. Rd arb (=78 M).

48. Rd: Rechte M str und dabei alle M abk.

Größe L

46.+47. Rd (Trachtengrün): Wie die 28. und 29. Rd arb (=78 M).

48. Rd (Hellgrau): Wie die 28. Rd. arb (=80 M).

49. Rd: Rechte M str und dabei alle M abk.

Den 2. Bottie® ebenso str.

Fertigstellen

Alle Fäden vernähen. Die Schuhe anfeuchten und in Form ziehen, trocknen lassen. Mit dem Nullrundengarn die Schuhe an die Sohlen nähen und nach Wunsch Webetiketten annähen.

Weiß-Blau im Quadrat

mit Jacquardmuster

GRÖSSE

M/L/XL

Die Angaben für die verschiedenen Größen sind durch Schrägstriche getrennt. Steht nur eine Angabe, gilt diese für alle Größen.

Das Modell ist in Größe L gearbeitet.

MATERIAL

- Schachenmayr Boston (LL 55 m/50 g) in Indigo (Fb 54), 100/100/150 g und in Hellgrau meliert (Fb 90), 50 g
- Nadelspiel 5,0 mm
- Rundstricknadel 5,0 mm, 60 cm lang
- 2 Maschenmarkierer
- 1 Paar Botties® für Erwachsene
- Botties® Nullrundengarn in Schwarz, 14 m
- Wollnadel

MASCHENPROBE

Im tunesischen Muster mit Nd 5,0 mm
12 M und 28 Rd
= 10 cm x 10 cm

Glatt rechts

In Rd alle M rechts str.

Tunesisches Muster

1. Rd: * 1 U, 1 M wie zum Linksstr abheben (Faden hinten), ab * fortlaufend wdh.
2. Rd: * U und folgende M rechts verschränkt zusammenstr, ab * fortlaufend wdh.
Die 1. und 2. Rd fortlaufend wdh.

Jacquardmuster

Nach dem Zählmuster und der Anleitung alle M rechts str. Den Rapport von 3 M fortlaufend wdh.

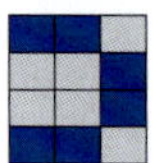

3
1

Rapport = 3 Maschen

= 1 Masche rechts in Indigo
= 1 Masche rechts in Hellgrau

Anleitung

In Indigo 36 M auf das Nd-Spiel anschl (= 9 M pro Nd) und zur Rd schließen. Der Rd-Beginn ist in der hinteren Mitte.
Für das Rollbündchen 6 Rd glatt rechts str.
7.-10. Rd: Die 1.-4. Rd des Jacquardmusters str.
11.-19. Rd: Die 2.-4. Rd des Jacquardmusters 3x arb.
20. Rd (Indigo): Rechte M str.
21. Rd: * 1 U, 1 M wie zum Linksstr abheben (Faden hinten), ab * noch 15x wdh, 1 M rechts verdoppeln, M-Markierer setzen, 2 M rechts, M-Markierer setzen, 1 M rechts verdoppeln, ** 1 U, 1 M wie zum Linksstr abheben (Faden hinten), ab ** noch 15x wdh (= 38 M).
22. Rd: * U und folgende M rechts verschränkt zusammenstr, ab * fortlaufend wdh bis 2 M vor M-Markierer, 1 M rechts, 1 M rechts verdoppeln, M-Markierer übernehmen, 2 M rechts, M-Markierer übernehmen, 1 M rechts verdoppeln, 1 M rechts, ** U und folgende M rechts verschränkt zusammenstr, ab ** fortlaufend wdh (= 40 M).
23. Rd: * 1 U, 1 M wie zum Linksstr abheben (Faden hinten), ab * fortlaufend wdh bis 1 M vor M-Markierer, 1 M rechts verdoppeln, M-Markierer übernehmen, 2 M rechts, M-Markierer übernehmen, 1 M rechts verdoppeln, ** 1 U, 1 M wie zum Linksstr abheben (Faden hinten), ab ** fortlaufend wdh bis (= 42 M).
24. Rd: * U und folgende M rechts verschränkt zusammenstr, ab * fortlaufend wdh bis 2 M vor M-Markierer, 1 M rechts, 1 M rechts verdoppeln, M-Markierer übernehmen, 2 M rechts, M-Markierer übernehmen, 1 M rechts verdoppeln, 1 M rechts, ** U und folgende M rechts verschränkt zusammenstr, ab ** fortlaufend wdh (= 44 M).
Die 23. und 24. Rd fortlaufend wdh, bis 76/80/80 M auf den Nd sind.
Die M immer wieder gleichmäßig auf die Nd verteilen und bei Bedarf zur Rundstricknd wechseln.

Größe M/XL

41./43. Rd: Wie die 23. Rd arb (= 78 M).
42./44. Rd: * U und folgende M rechts verschränkt zusammenstr, ab * fortlaufend wdh bis 2 M vor M-Markierer, 2 M rechts, M-Markierer übernehmen, 2 M rechts, ** M-Markierer übernehmen, 2 M rechts, ** U und folgende M rechts verschränkt zusammenstr, ab ** fortlaufend wdh.
43./45. Rd: Alle M rechts str und dabei abk.

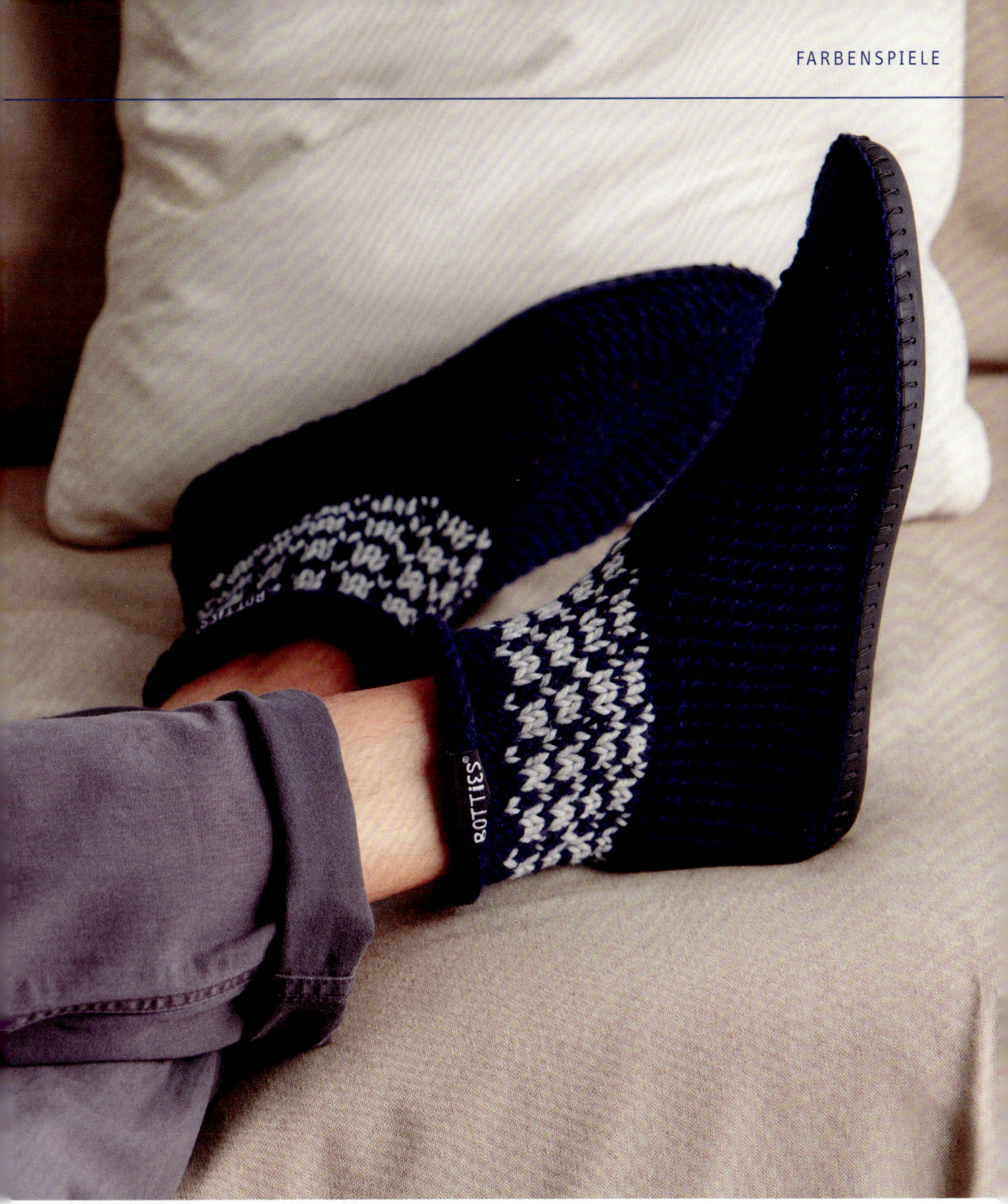

Größe L

43. Rd: Alle M rechts str und dabei abk. Den 2. Bottie® ebenso str.

Fertigstellen

Alle Fäden vernähen. Die Schuhe anfeuchten und in Form ziehen, trocknen lassen. Mit dem Nullrundengarn die Schuhe an die Sohlen nähen und nach Wunsch Webetiketten annähen.

Tennis-Ass

mit klassischen Streifen

GRÖSSE
M, L, XL

Die Angaben für die verschiedenen Größen sind durch Schrägstriche getrennt. Steht nur eine Angabe, gilt diese für alle Größen.

Das Modell ist in Größe L gearbeitet.

MATERIAL

- Schachenmayr Boston (LL 55 m/50 g) in Natur (Fb 02), 100/100/100/100/100/150/150 g, in Bordeaux (Fb 132) und Teal (Fb 68), je 50 g
- Nadelspiel 5,0 mm
- Rundstricknadel 5,0 mm, 60 cm lang
- 2 Maschenmarkierer
- 1 Paar Botties® für Erwachsene
- Botties® Nullrundengarn in Schwarz, 14 m
- Wollnadel

MASCHENPROBE
Im senkrechten tunesischen Muster mit Nd 5,0 mm
12 M und 28 Rd
= 10 cm x 10 cm

Streifenfolge

5 Rd in Bordeaux, 4 Rd in Natur, 5 Rd in Teal

Rippenmuster 1

In Rd 1 M rechts, 1 M links im Wechsel str.

Rippenmuster 2

M-Zahl teilbar durch 3
In Rd * 2 M rechts, 1 M links, ab * fortlaufend wdh.

Senkrechtes tunesisches Muster

1. Rd: * 1 M wie zum Linksstr abheben (Faden hinten), 1 U, ab * fortlaufend wdh.
2. Rd: * 1 M mit dem folgenden U rechts verschränkt zusammenstr, ab * fortlaufend wdh.
Die 1. und 2. Rd fortlaufend wdh.

Anleitung

In Natur 34 M anschl, gleichmäßig auf die 4 Nd des Nd-Spiels verteilen und zur Rd schließen (= 8/9/8/9 M pro Nd). Der Rd-Beginn ist in der hinteren Mitte.
1.-5. Rd: Im Rippenmuster 1 str.
6. Rd: Im Rippenmuster 2 str, dabei 1x 2 M rechts zusammenstr (= 33 M).
5.-11. Rd: Im Rippenmuster 2 str.
12.-25. Rd: Im Rippenmuster 2 nach der Streifenfolge str.
26.-42. Rd (Natur): Im Rippenmuster 2 str, dabei in der 42. Rd 1 M mustergemäß verdoppeln (= 34 M).
Den Fuß wie folgt arb:
43. Rd (Natur): * 1 M wie zum Linksstr abheben (Faden hinten), 1 U, ab * noch 15x wdh, M-Markierer setzen, 2 M rechts, M-Markierer setzen, ** 1 M wie zum Linksstr abheben (Faden hinten), 1 U, ab ** noch 15x wdh.
44. Rd: * 1 M mit dem folgenden U rechts verschränkt zusammenstr, ab * fortlaufend wdh bis M-Markierer, 1 M linksgeneigt zunehmen, M-Markierer übernehmen, 2 M rechts, M-Markierer übernehmen, 1 M rechtsgeneigt zunehmen, ** 1 M mit dem folgenden U rechts verschränkt zusammenstr, ab ** fortlaufend wdh (= 36 M).
45. Rd: * 1 M wie zum Linksstr abheben (Faden hinten), 1 U, ab * fortlaufend wdh bis M-Markierer, 1 M linksgeneigt zunehmen, M-Markierer übernehmen, 2 M rechts, M-Markierer übernehmen, 1 M rechtsgeneigt zunehmen, ** 1 M wie zum Linksstr abheben (Faden hinten), 1 U, ab ** fortlaufend wdh (= 38 M).
46. Rd: * 1 M mit dem folgenden U rechts verschränkt zusammenstr, ab * fortlaufend wdh bis 1 M vor M-Markierer wdh, 1 M rechts, 1 M linksgeneigt zunehmen, M-Markierer übernehmen, 2 M rechts, M-Markierer übernehmen, 1 M rechtsgeneigt zunehmen, 1 M rechts, ** 1 M mit dem folgenden U rechts verschränkt zusammenstr, ab ** fortlaufend wdh (= 40 M).
Die 45. und 46. Rd fortlaufend wdh bis 76/80/80 M auf den Nd sind.
Die M immer wieder gleichmäßig auf die Nd verteilen und bei Bedarf zur Rundstrickn d wechseln.

Größe M/XL
65./67. Rd: Wie die 45. Rd str (= 78/82 M).
66./68. Rd: * 1 M mit dem folgenden U rechts verschränkt zusammenstr, ab * fortlaufend wdh bis 1 M vor M-Markierer wdh, 1 M rechts, M-Markierer übernehmen, 2 M rechts,

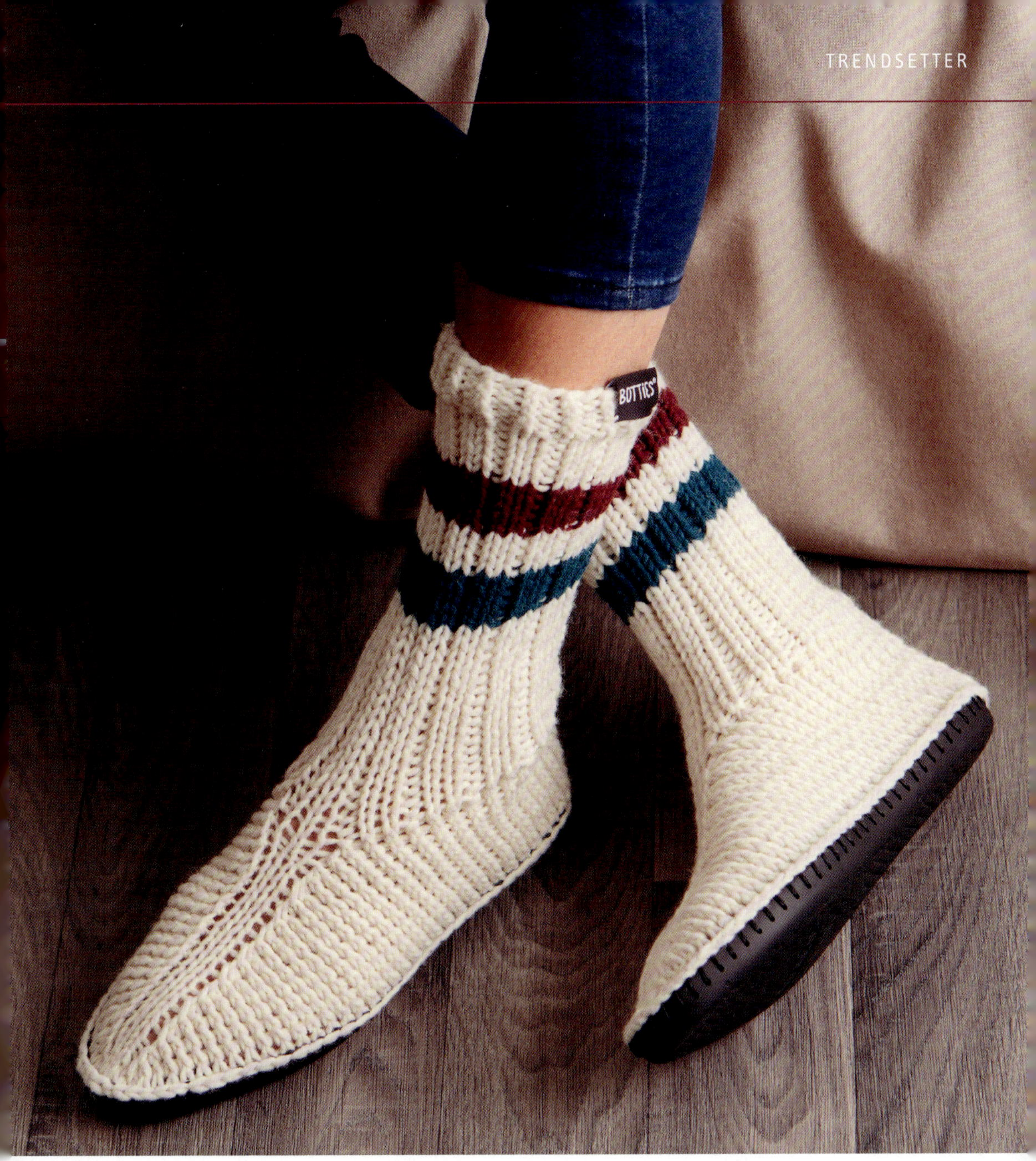

M-Markierer übernehmen, 1 M rechts, ** 1 M mit dem folgenden U rechts verschränkt zusammenstr, ab ** fortlaufend wdh.

67./69. Rd: Rechte M str und dabei alle M abk.

Größe L

67. Rd: Rechte M str und dabei alle M abk.

Den 2.Bottie® ebenso str.

Fertigstellen

Alle Fäden vernähen. Die Schuhe anfeuchten und in Form ziehen, trocknen lassen. Mit dem Nullrundengarn die Schuhe an die Sohlen nähen und nach Wunsch Webetiketten annähen.

Gedreht und gewendet

Zöpfe allover

GRÖSSE
M/L/XL

Die Angaben für die verschiedenen Größen sind durch Schrägstriche getrennt. Steht nur eine Angabe, gilt diese für alle Größen.

Das Modell ist in Größe XL gearbeitet.

MATERIAL

- Woll Butt Ida (LL 60 m/50 g) in Holz (Fb 72), 150 g
- Nadelspiel 5,0 mm
- Rundstricknadel 5,0 mm, 60 cm lang
- 2 Maschenmarkierer
- 1 Paar Botties® für Erwachsene
- Botties® Nullrundengarn in Schwarz, 14 m
- Wollnadel

MASCHENPROBE
Im tunesischen Muster mit Nd 5,0 mm
12 M und 28 Rd
= 10 cm x 10 cm

Rippenmuster

In Rd 1 M rechts, 1 M links im Wechsel str.

Tunesisches Muster

1. Rd: * 1 U, 1 M wie zum Linksstr abheben (Faden hinten), ab * fortlaufend wdh.
2. Rd: * U und folgende M rechts verschränkt zusammenstr, ab * fortlaufend wdh.
Die 1. und 2. Rd fortlaufend wdh.

Zopfmuster 1 und 2

Nach den Strickschriften die 1.-4. Rd fortlaufend wdh.

Zopfmuster 1

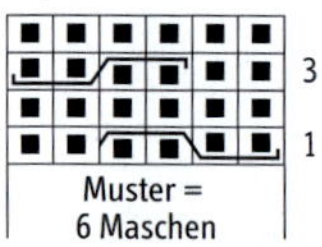

Zopfmuster 2

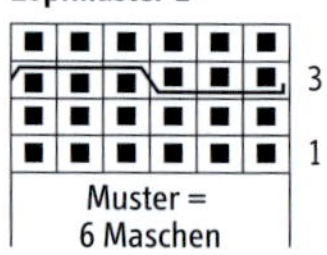

 = 1 Masche rechts

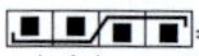 = 2 Maschen auf einer Hilsnadel hinter die Arbeit legen, 2 Maschen rechts stricken, dann die 2 Maschen der Hilfsnadel rechts stricken.

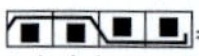 = 2 Maschen auf einer Hilsnadel vor die Arbeit legen, 2 Maschen rechts stricken, dann die 2 Maschen der Hilfsnadel rechts stricken.

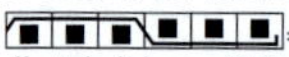 = 3 Maschen auf einer Hilsnadel vor die Arbeit legen, 3 Maschen rechts stricken, dann die 3 Maschen der Hilfsnadel rechts stricken.

Anleitung

34 M anschl, gleichmäßig auf die 4 Nd des Nd-Spiels verteilen und zur Rd schließen (= 8/9/8/9 M pro Nd).
Für das Bündchen 6 Rd im Rippenmuster str.
7. Rd: * 1 M links, 3 M rechts verdoppeln, 1 M links, 3 M rechts, 1 M links, 1 M rechts, 1 M rechts verdoppeln, 1 M rechts, 1 M rechts verdoppeln, 1 M links, 3 M rechts, ab * noch 1x wdh (= 44 M).
Dann den Schaft in folgender Einteilung str:
8.-34. Rd: * 1 M links, 6 M Zopfmuster 1, 1 M links, 3 M rechts, 1 M links, 6 M Zopfmuster 2, 1 M links, 3 M rechts, ab * noch 1x wdh.
35. Rd: 1 M links, 6 M Zopfmuster 1, 1 M links, 3 M rechts, 1 M links, 1 M rechts, 2 M rechts zusammenstr, 1 M rechts, 2 M rechts zusammenstr, 1 M links, 3 M rechts, 1 M links, M-Markierer setzen, 6 M Zopfmuster 1, M-Markierer setzen, 1 M links, 3 M rechts, 1 M links, 1 M rechts, 2 M rechts zusammenstr, 1 M rechts, 2 M rechts zusammenstr, 1 M links, 3 M rechts (= 40 M).
Der Rd-Beginn ist hinten rechts am Schuh und die 6 M von Zopfmuster 1 bilden die vordere Mitte.
36. Rd: * 1 U, 1 M wie zum Linksstr abheben (Faden vorne), ab * fortlaufend wdh bis 1 M vor M-Markierer, 1 M links verdoppeln, M-Markierer übernehmen, 6 M Zopfmuster 1, M-Markierer übernehmen, 1 M links verdoppeln, ** 1 U, 1 M wie zum Linksstr abheben (Faden vorne), ab ** fortlaufend wdh (= 42 M).
37. Rd: * U und folgende M rechts verschränkt zusammenstr, ab * fortlaufend wdh bis 2 M vor M-Markierer, 1 M links, 1 M links verdoppeln, M-Markierer übernehmen, 6 M Zopfmuster 1, M-Markierer übernehmen, 1 M links verdoppeln, 1 M links, ** U und folgende M rechts verschränkt zusammenstr, ab ** fortlaufend wdh (= 44 M).
Die 36. und 37. Rd fortlaufend wdh, bis 80/80/84 M auf der Nd sind.
Die M immer wieder gleichmäßig auf die Nd verteilen und bei Bedarf zur Rundstricknd wechseln.

Größe M, XL
56./58. Rd: Rechte M str und dabei alle M abk, jedoch die ersten und letzten beiden M

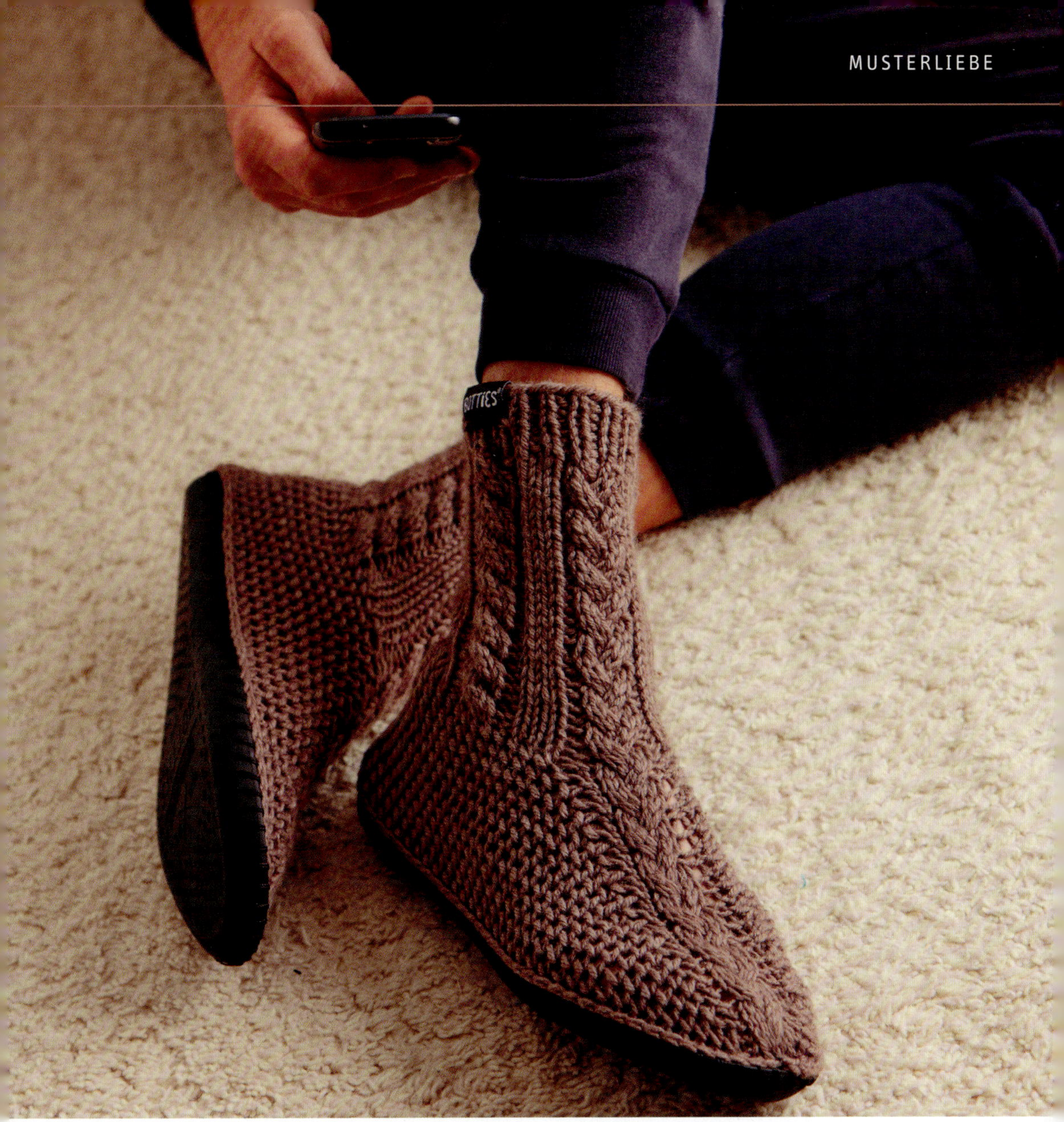

des Zopfes vor dem Abk rechts zusammenstr.

Größe L

56. Rd: Wie die 36. Rd str (=82 M).

57. Rd: * U und folgende M rechts verschränkt zusammenstr, ab * fortlaufend wdh bis 2 M vor M-Markierer, 2 M links, M-Markierer übernehmen, 2 M rechts zusammenstr, 2 M rechts, 2 M rechts überzogen zusammenstr, M-Markierer übernehmen, 2 M links, ** U und folgende M rechts verschränkt zusammenstr, ab ** fortlaufend wdh bis Rd-Ende (=80 M).

58. Rd: Rechte M str und dabei alle M abk.

Den 2. Bottie® ebenso str.

Fertigstellen

Alle Fäden vernähen. Die Schuhe anfeuchten und in Form ziehen, trocknen lassen. Mit dem Nullrundengarn die Schuhe an die Sohlen nähen und nach Wunsch Webetiketten annähen.

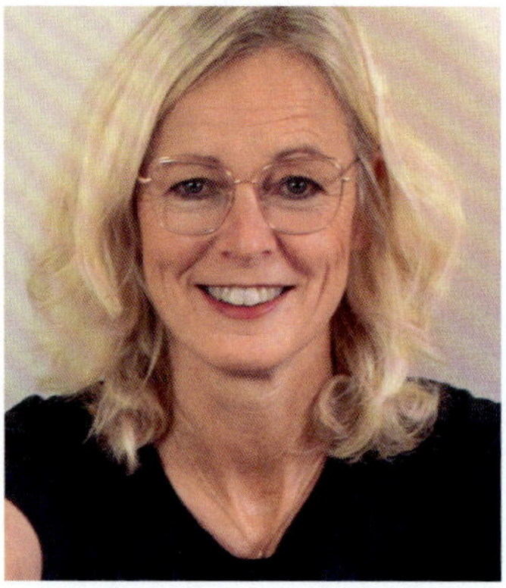

Brigitte Zimmermann strickt und häkelt für ihr Leben gern und hat das große Glück, ihr Hobby zum Beruf gemacht zu haben. Nach 15 Jahren als Produktentwicklerin und -designerin im Bereich Handstrickgarne entwickelt sie nun unter dem Pseudonym „knittygitti" eigene Designs, entwirft Strickteile für Magazine, leitet Workshops und Strickkurse und bietet Lektorate an. Sie hat drei erwachsene Kinder und lebt mit ihrem Mann in Ostwestfalen.

DANKE!

Wir danken den Firmen Botties®, MEZ GmbH und Buttinette GmbH für die Unterstützung bei diesem Buch:
www.botties.de
www.schachenmayr.de
www.buttinette.de

TOPP – Unsere Servicegarantie

WIR SIND FÜR SIE DA! Bei Fragen zu unserem umfangreichen Programm oder Anregungen freuen wir uns über Ihren Anruf oder Ihre Post. Loben Sie uns, aber scheuen Sie sich auch nicht, Ihre Kritik mitzuteilen – sie hilft uns, ständig besser zu werden.

Bei Fragen zu einzelnen Materialien oder Techniken wenden Sie sich bitte an unseren Kreativservice, Frau Erika Noll.
mail@kreativ-service.info
Telefon 07 11/12 37 57 20

Das Produktmanagement erreichen Sie unter:
pm@frechverlag.de
oder:
frechverlag
Produktmanagement
Dieselstraße 5
70839 Gerlingen
Telefon 07 11/8 30 86 68

LERNEN SIE UNS BESSER KENNEN! Fragen Sie Ihren Hobbyfach- oder Buchhändler nach unserem kostenlosen Magazin **Meine kreative Welt**. Darin entdecken Sie dreimal im Jahr die neuesten Kreativtrends und interessantesten Buchneuheiten.

Oder besuchen Sie uns im Internet! Unter **www.topp-kreativ.de** können Sie sich über unser umfangreiches Buchprogramm informieren, unsere Autoren kennenlernen sowie aktuelle Highlights und neue Kreativtechniken entdecken, kurz – die ganze Welt der Kreativität.

Kreativ immer up to date sind Sie mit unserem monatlichen **Newsletter**. Für aktuelle Infos, Gratis-Anleitungen und Gewinnspiele gleich anmelden unter **www.TOPP-kreativ.de/Newsletter**

IMPRESSUM

FOTOS: frechverlag GmbH, 70839 Gerlingen; lichtpunkt, Michael Ruder, Stuttgart
PRODUKTMANAGEMENT: Mareike Upheber
LEKTORAT: Petra Puster, Niederpöcking
COVER: Melanie Herrmann
GESTALTUNG: Petra Theilfarth
DRUCK: Tiskárna Grafico s.r.o., Tschechische Republik

1. Auflage 2022

ISBN 978-3-7358-7019-3 • Best.-Nr. 27019

MIX
Paper from responsible sources
FSC www.fsc.org FSC® C114952

Penguin Random House Verlagsgruppe
FSC® N001967